ÉTUDE

SUR DIVERSES QUESTIONS

CONCERNANT

LA CHASSE

ET LA

CONSERVATION DU GIBIER

PAR UN CHASSEUR DE LA HAUTE-SAVOIE

❖

ANNECY   PARIS

A. L'HOSTE, LIBRAIRE-ÉDITEUR   GUSTAVE GUÉRIN, LIBRAIRE

place Notre-Dame   55, rue de la Harpe, 55

1877

ÉTUDE

SUR DIVERSES QUESTIONS CONCERNANT

LA CHASSE

ET LA CONSERVATION DU GIBIER

Annexe. — Imprimerie Impériale Buisson.
J. Hissel et Cie, Imprimeurs.

Prix : 1 fr. 50 c.

Annecy. — Ancienne Imprimerie Burdet,
J. Niérat et Cie, successeurs.

ÉTUDE

SUR DIVERSES QUESTIONS

CONCERNANT

LA CHASSE

ET LA

CONSERVATION DU GIBIER

PAR UN CHASSEUR DE LA HAUTE-SAVOIE

ANNECY

A. L'HOSTE, LIBRAIRE-ÉDITEUR
place Notre-Dame

PARIS

GUSTAVE GUÉRIN, LIBRAIRE
55, rue de la Harpe, 55

1877

ÉTUDE

SUR DIVERSES QUESTIONS CONCERNANT

LA CHASSE

ET LA CONSERVATION DU GIBIER

CHAPITRE PREMIER

Considérations générales. — Le droit de chasse et les divers régimes politiques. — Ses origines. — Idées inexactes relatives à la chasse. -- Nature du droit de chasse. — Il est distinct du droit de propriété, soit en théorie, soit en pratique. — La loi de 1844 et la pratique sont en désaccord quant à l'exercice du droit de chasse.

A chasse et la conservation du gibier, sans être des sujets d'une importance majeure, ne doivent cependant pas être négligées par un législateur soucieux de sauvegarder les intérêts de tous genres confiés à sa sollicitude.

Depuis longtemps ces questions ont attiré en France l'attention des pouvoirs divers qui ont successivement régi notre pays. Après les lois des Burgondes et des Francs, qui punissaient d'une façon bizarre, le vol des chiens de chasse, nous voyons le régime féodal ériger le droit de chasse en.

privilége protégé par des peines draconiennes, dont le souvenir n'a pas encore entièrement disparu. La Révolution française, par décrets du 11 août 1789 et du 30 avril 1790, s'empresse de détruire cet abus. Le premier Empire, à son tour, légifère sur ce sujet, et nous sommes soumis aujourd'hui aux lois du 3 mai 1844 et du 25 janvier 1874, inspirées par un esprit politique autre que celui dont la direction se fait actuellement sentir.

L'auteur de cette brochure se propose d'examiner si la législation actuelle sur la chasse ne peut pas être modifiée et complétée, de manière à mieux s'harmoniser avec les principes fondamentaux de la société française, telle qu'elle existe aujourd'hui, de manière à procurer aussi à la nation tout l'avantage que peuvent offrir l'exercice du droit de chasse, et l'exploitation de cette branche de la richesse nationale, que constitue le gibier.

Avant d'entrer dans le détail des questions soulevées par ce sujet complexe, quelques considérations générales paraissent indispensables.

La chasse est incontestablement un des premiers modes d'exercice de l'activité humaine. Obligé de lutter contre les fauves, pour sa sûreté, et de vivre sur un sol inculte, l'homme a chassé, longtemps avant de se faire pasteur, puis agriculteur et industriel : le droit de chasse, fondé sur une nécessité naturelle, a précédé de beaucoup le droit de propriété, dans l'histoire des sociétés ; favorisé d'abord par une liberté absolue, il a dû subir des restric-

tions successives, de plus en plus étroites à mesure
que l'appropriation du sol devenait plus complète.
De nos jours, la chasse qui, par sa nature, a besoin pour s'exercer d'une certaine liberté, se trouve
réduite à la condition d'un simple accessoire du
droit de propriété; elle s'est laissée absorber et a
perdu sa position de droit indépendant. Il importe-
néanmoins que cette prédominance du droit de
propriété, n'aboutisse pas à la suppression du droit
de chasse.

Répondant à un instinct primordial de l'homme,
présentant de nombreuses utilités, à côté d'un vif
plaisir, la chasse a de bonne heure été règlementée ; mais cette règlementation a toujours subi l'influence des courants politiques dominants. Le droit
de chasse, en France, a longtemps été réservé aux
conquérants, aux seigneurs féodaux, qui, non
contents d'user du privilége, en abusaient maintes
fois au préjudice du pauvre cultivateur. Dès 1789,
l'idée que le droit de chasse n'est qu'une conséquence du droit de propriété, a maintenu au préjudice des non propriétaires, une sorte d'exclusion;
le privilége supprimé a paru revivre au profit de
la grande propriété, dans les départements où elle
existe encore ; les réserves de chasse créées par les
propriétaires, tantôt dans un but, réellement utile,
de conservation du gibier, tantôt dans un but vexa-
toire et sous l'inspiration d'une jalousie regrettable, ont semblé constituer un nouveau privilége,
bien adouci, en vérité, mais contraire à cette idée

juste au fond, que le gibier est créé pour tous, qu'il n'est pas un produit du sol, et que chacun a droit de s'en emparer, à charge de ne causer aucun préjudice aux récoltes d'autrui.

De cette situation sont nées des préventions contre le droit de chasse, dans l'esprit de bien des personnes et même chez des classes entières de la société. Ces idées inexactes se sont manifestées jusque dans l'enceinte de la représentation nationale. *On considère la chasse comme n'étant qu'un plaisir réservé aux riches,* et on la traite en conséquence de cette appréciation, comme un abus qu'il faut subir, dont il est bon d'arrêter l'essor par tous moyens fiscaux et autres, dont la suppression complète serait même à désirer. Les plus timorés ajoutent que la chasse cause de fréquents accidents ; les agronomes exclusifs voudraient voir disparaître et gibiers et chasseurs, sous prétexte de préjudice causé aux récoltes par des individus peu scrupuleux et contrairement à la loi.

Ce point de vue est faux. Il provient soit d'une notion erronée du droit de chasse, soit d'une observation inexacte des conditions dans lesquelles il s'exerce de nos jours, soit d'une méconnaissance complété des avantages nombreux que présente la chasse sagement règlementée et pratiquée.

On ne croit pas faire une œuvre inutile en réagissant contre les préjugés qui viennent d'être signalés, et en exposant des idées conformes à la réalité des choses sur ces divers objets.

Par sa nature, le droit de chasse est entièrement distinct du droit de propriété sur le sol. On peut consulter, à ce sujet, une remarquable monographie de M. Villequez, professeur de droit à la Faculté de Dijon, chasseur hors ligne et non moins excellent jurisconsulte. Sans entrer dans une dissertation juridique approfondie, on peut dire que le droit de chasse est le droit de s'emparer *du gibier,* chose qui n'appartient à personne *(res nullius)* : l'exercice de ce droit exige la possibilité de chercher et de suivre le gibier, où il se trouve, avec toute la liberté possible, sauf le respect dû au droit du propriétaire foncier : restreindre la chasse aux limites d'un champ, c'est la supprimer, dans les pays de moyenne et de petite propriété ; ces vérités n'ont pas besoin de démonstration.

Le droit de propriété, au contraire, n'a besoin d'aucune liberté, sauf celle du passage, en dehors de son objet immédiat ; il s'exerce, par sa nature même, sur un terrain restreint et déterminé, dont le maître perçoit les produits directs.

Parmi ces produits ne figure pas le gibier qui s'y trouve momentanément arrêté, qui est né et s'est nourri peut-être à cent lieues, à mille lieues de distance, qui peut se déplacer quand bon lui semble. Le gibier n'appartient à personne, tant qu'il n'est pas pris et privé de sa liberté naturelle. C'est ce que reconnaissait déjà le droit romain basé sur la réalité.

Le droit de chasse, c'est-à-dire le *droit au gibier,*

doit donc être considéré comme appartenant à tous les citoyens (à charge de l'exercer conformément à la loi), et non comme un privilége exclusif, inhérent à la propriété. Par sa nature, par son but, par son mode nécessaire d'exercice, par son objet mobile et fugace, il diffère totalement de la propriété foncière, droit direct sur le sol et les produits réels du sol.

Que l'on ne voie pas dans cette discussion la moindre hostilité contre le droit de propriété ; l'auteur de ces lignes n'est pas un *partageux,* sa situation de fortune le préserve d'un pareil soupçon, et les utopies ne lui conviennent guère ; il n'est pas mû par le désir de se procurer une popularité facile, puisqu'il ne signera pas cet écrit et que, s'il a été appelé par ses concitoyens, à des fonctions publiques, il peut se rendre cette justice, qu'il ne les a ni sollicitées, ni même recherchées. Il se propose uniquement de faire triompher un principe juste, sur une idée inexacte, afin de diminuer, s'il est possible, une des causes d'antagonisme qui nuisent à l'union de tous les citoyens en France.

Théoriquement, le droit de chasse appartient donc à tous les citoyens ; tous peuvent prétendre, si bon leur semble, à leur part de cette richesse sociale qui se nomme *le gibier,* et que la France tient de son beau climat, ainsi que de sa situation géographique.

En pratique, malgré la loi de 1844 et quelques prohibitions vexatoires, toutes les classes de ci-

toyens, sans distinction entre les propriétaires et
les non propriétaires, exercent le droit de chasse ;
le bon sens public, l'esprit de tolérance ont presque
partout laissé tomber en désuétude le principe
inexact de la loi de 1844, qui confond le droit de
chasse avec le droit de propriété ; si, mettant de
côté la loi écrite, on examine comment la chasse
est pratiquée par notre société moderne, et comment
elle s'exerce dans ses rapports avec le droit de
propriété, on voit que toutes les régions de moyenne
et de petite propriété ont admis que le chasseur,
par un consentement tacite des propriétaires, peut
parcourir librement tous les terrains où il ne cause
pas de dommage, c'est-à-dire tous les fonds non
couverts de récoltes auxquelles le passage d'un
homme et d'un chien puisse préjudicier. Cette tolérance, qui indique la limite précise et rationnelle
entre l'exercice du droit de chasse et celui du droit
de propriété, est admise non-seulement entre propriétaires voisins, mais aussi à l'égard des non
propriétaires. Elle empêche les vexations conti-
nuelles que permet la loi de 1844, elle prévient des
haines sociales contraires à l'intérêt public, et il
serait utile de la consacrer législativement. Mais
ce qu'il importe de retenir, c'est que le droit de
chasse, dans notre société française, est exercé en
fait, par les employés, les commerçants, les artisans
et autres non propriétaires, sans distinctions de
classes, quelle que soit la fortune des individus ;
il n'est donc pas réservé aux riches ; de nombreux

citoyens l'exercent, quoique leur situation de fortune soit des plus modestes ; citadins et paysans, riches et non riches y trouvent, s'ils le veulent, un agréable et utile passe-temps.

L'idée féodale du droit de chasse, considéré comme privilége d'une caste, l'idée anti-sociale de la chasse, regardée comme un plaisir réservé aux citoyens riches, doivent donc disparaître, soit au point de vue scientifique, soit au point de vue pratique.

On ne s'arrêtera pas à discuter les objections tirées, par certains esprits prévenus, des dangers de la chasse à tir et du préjudice à craindre pour les récoltes ; le danger n'existe que pour les imprudents, les récoltes ne souffrent pas si l'on observe la loi, et nul esprit sensé ne demande qu'on supprime une institution utile, à raison d'inconvénients minimes ; les chemins de fer, quoique leur exploitation soit désagréable à certains individus et causent de graves accidents, ne sont pas exposés à être frappés d'interdiction.

CHAPITRE II

Avantages et utilités de la chasse et de la conservation du gibier au point de vue : 1° du développement moral et physique de l'homme, de l'hygiène publique et du recrutement de l'armée ; 2° de l'alimentation publique ; 3° de diverses industries ; 4° de l'agriculture ; 5° du Trésor public.

L'indication des nombreux avantages que présentent la chasse sagement pratiquée et la conservation du gibier répondra, d'ailleurs, victorieusement à ces objections.

1° La chasse constitue un plaisir et un exercice des plus salutaires à l'individu qui s'y adonne. Elle le fortifie moralement par le développement d'une passion et d'un goût des plus virils : la lutte contre les obstacles, l'action salutaire de la fatigue, le danger à braver quelquefois, la ruse et l'habileté à déployer, donnent au caractère une trempe meilleure et préparent l'homme à combattre plus utilement pour la patrie ; mieux valent, pour la jeunesse française, les émotions et les peines de la chasse, que les plaisirs énervants des villes.

Physiquement, l'homme développe à la chasse toutes les qualités nécessaires pour la guerre : vigueur musculaire, coup d'œil, résistance à la fatigue et aux intempéries.

Les progrès de la civilisation augmentent le

bien-être, nécessitent un plus grand développement du système nerveux, en exerçant de plus en plus l'intelligence des citoyens ; mais il résulte de là un affaiblissement musculaire, une diminution de la force physique, contre lesquels il importe de réagir, si l'on veut que la nation conserve sa vigueur et ses qualités militaires : l'enseignement de la gymnastique dans les établissements d'instruction, la création des clubs-alpins indiquent combien cette nécessité a été sentie par les hommes les plus intelligents ; mais ces moyens sont d'une efficacité restreinte : le jeune homme, sorti du lycée, ne retourne plus au gymnase ; les courses alpestres sont à la portée d'un petit nombre de citoyens ; la chasse, au contraire, offre sur tout le territoire, sans grands frais, une excellente école de gymnastique. Poussé par un instinct qui produit tantôt un goût plus ou moins prononcé, tantôt une vraie passion, le chasseur brave les plus grandes fatigues et se prépare utilement à porter au besoin le fusil de guerre, sans causer aucune dépense à l'État, en payant, au contraire, un impôt. Il devient non-seulement robuste moralement et physiquement, mais il acquiert encore l'habitude de manier avec habileté les armes à feu ; il se prépare ainsi à faire un bon soldat dans sa jeunesse ; plus tard, il se conserve vigoureux pour l'armée territoriale.

La chasse doit donc être favorisée, facilitée, encouragée par l'État, dans un but national et patriotique, qui est la défense éventuelle de la France par la conservation d'une race vigoureuse et énergique, par la réaction contre le ramollissement physique et moral que causent la multiplicité des professions sédentaires et les raffinements de la civilisation. Il faut que chaque citoyen ayant le goût de la chasse, puisse employer ses loisirs, pendant une partie de l'année, à ce salutaire exercice.

L'hygiène publique, le bon recrutement de l'armée ont intérêt à ce que la chasse reste en honneur et se vulgarise au lieu de disparaître bientôt, faute de gibier.

2° Dans un ordre d'idées moins élevées, la chasse doit être considérée comme contribuant à *l'alimentation publique,* et mérite aussi, à ce titre, de fixer l'attention des pouvoirs préposés à la garde et à la bonne administration de toutes les richesses nationales. Malgré la diminution énorme du gibier en France, les quantités annuellement vendues prouvent suffisamment l'importance de la question du gibier comme aliment. Les chasseurs qui vendent leur gibier formant l'exception, il n'est pas facile d'établir exactement la valeur du gibier offert chaque année par la chasse à l'alimentation publique ; cependant, il résulte d'une statistique publiée dans le journal le *Temps* du 4 avril 1876, qu'il a été vendu à Paris, en 1875, pour six millions environ de gibier. En admettant que Paris consomme le cinquième du gibier vendu en France, la vente annuelle serait de trente millions, et ce chiffre doit être au moins doublé, si l'on tient compte du gibier tué par les personnes qui donnent ou consomment le produit de leur chasse, mais ne le vendent pas. La chasse et le gibier représentent donc un revenu annuel de soixante millions au bas mot, par conséquent un capital de un à deux milliards, même dans l'état de décadence extrême où ils se trouvent aujourd'hui.

On voit, par ces chiffres approximatifs de la consommation du gibier dans notre pays, qu'il s'agit ici d'une ressource importante, dont le développement mérite une sérieuse attention. Il n'est pas indigne d'un législateur prévoyant, d'empêcher la destruction excessive du gibier et la disparition prochaine de certaines espèces indigènes ou de passage.

Admirablement dotée par la nature, au point de vue cynégétique, la France, depuis bientôt un siècle, gaspille ses ressources, néglige la conservation de son gibier, sous l'influence de causes diverses qui seront examinées ci-après. De nombreux départements se dépeuplent des espèces indigènes, et ne voient plus que de rares oiseaux de passage traverser leur territoire. Le pays est donc loin de fournir tout le gibier qu'il pourrait donner ; il s'est tellement appauvri par une mauvaise administration de ses ressources, qu'il est maintenant obligé de recourir à tous ses voisins. L'importation du gibier d'Allemagne, d'Angleterre, d'Italie, de Russie et même des États-Unis prend chaque année de plus grandes proportions.

Ce résultat est triste à avouer, il est fâcheux, pour notre amour-propre national, ainsi que pour nos finances ; mieux vaut cependant le reconnaître et tâcher d'y remédier, que de continuer à suivre inconsidérément la mauvaise voie dans laquelle nous sommes engagés. La France, grâce à Dieu, peut se suffire ; par une bonne règlementation de la chasse, elle peut facilement doubler sa production de gibier et même en expédier au-dehors, au lieu d'en importer.

3° De nombreuses industries vivent de la chasse et prospèreront en raison directe de la multiplication du gibier et de l'accroissement du nombre des chasseurs ; il suffit de citer les fabricants d'armes, de vêtements, de munitions, d'articles de chasse divers. La disparition du gibier tuerait ces industries intéressantes ; une bonne règlementation de la chasse les rendra plus importantes et contribuera ainsi à l'intérêt général.

4° L'agriculture, notre première richesse nationale, est intéressée au plus haut point à la conservation du gibier, et, par conséquent, à une bonne règlementation de la chasse. Il est démontré, par les patientes recherches des naturalistes, que presque tous les oiseaux sont insectivores, ou d'une manière absolue, ou seulement à certaines époques de l'année et dans certaines circonstances. Les ravages causés aux récoltes de toutes sortes, par les insectes, n'ont pas besoin de démonstration, et il paraît certain que le seul moyen efficace contre

2

le fléau des insectes, est la multiplication des oiseaux.
Sans être savant naturaliste, on sait que la caille,
la perdrix détruisent les œufs de fourmis dans les
champs ; que la grive, le merle, sauf en automne,
passent leur temps à chercher des insectes dans les
bois ; que les petits oiseaux de toutes espèces sont
les protecteurs de nos récoltes, et que le peu de
grain consommé par eux, à la maturité, n'est pas
le centième de ce qu'ils ont conservé.

L'utilité des oiseaux, vulgarisée par Michelet,
constatée officiellement par un rapport de M. Bon-
jean au Sénat, est reconnue unanimement aujour-
d'hui ; un traité a été signé, en février 1876, entre
l'Italie et l'Autriche, pour assurer la conservation
de ces utiles auxiliaires de l'agriculture.

En France, malheureusement, la destruction
continue son œuvre : elle s'accomplit surtout dans
le midi, où l'on va, dit-on, jusqu'à massacrer et
manger les hirondelles ; il y a urgence extrême à
empêcher la continuation d'un massacre insensé,
qui cause aux agriculteurs de France des pertes
annuelles se chiffrant par centaines de millions.

L'agriculteur et le chasseur de France réclament
donc hautement une bonne loi sur la chasse, pro-
tectrice du gibier, assurant au pays le rétablissement de sa population normale d'oiseaux de tous
genres.

Peut-être verrait-on le phylloxera faire moins
de progrès dans les vignobles du midi et de l'ouest,
si ses légions ailées rencontraient, dans leurs fu-

nestes migrations, les légions d'oiseaux insectivores qui devraient peupler nos campagnes, mais que l'homme imprévoyant a détruites, ne se doutant pas qu'il troublait, à son grand préjudice, une harmonie de la nature, en rompant l'équilibre de deux forces naturelles : l'oiseau et l'insecte.

Sans réclamer le prix de 300,000 francs offert au destructeur du phylloxera, les oiseaux se chargeraient probablement de la besogne, s'ils étaient suffisamment protégés. Ce remède, moins coûteux que la dynamite, le sulfure de carbone et les engrais chimiques, puisqu'il n'exigerait que la publication d'une bonne loi, serait peut-être plus pratique et n'offrirait assurément aucun danger.

Le reboisement des montagnes est partout à l'ordre du jour, pour prévenir les inondations. Pourquoi le repeuplement des oiseaux ne serait-il pas tenté, comme unique moyen de repousser les invasions des insectes ? De part et d'autre, il est urgent d'arrêter les funestes effets d'une destruction abusive trop longtemps tolérée, et de rétablir un équilibre naturel détruit par le fait de l'homme.

5° Enfin, la chasse se recommande comme une branche de revenus pour le Trésor ; nulle ressource fiscale ne peut être négligée depuis nos désastres militaires ; il importe donc de faire rendre à la chasse le plus possible, non pas en élevant les droits actuels, mais en développant le goût de la chasse par la protection du gibier et l'augmentation de la population giboyeuse du pays : de là découlera une augmentation du nombre des permis de chasse, du produit des poudres, du chiffre des patentes sur les industries vivant de la chasse. Peut-être même de nouveaux impôts peuvent-ils être créés, sans préjudice pour personne, ainsi qu'il sera expliqué ultérieurement.

CHAPITRE III

Une bonne loi sur la chasse et le gibier doit avoir pour but d'en obtenir les avantages précédemment signalés. — Les lois du 3 mai 1844 et du 25 janvier 1874 n'atteignent pas ce but. — Examen critique de ces lois au point de vue : 1° de la liberté dans l'exercice du droit de chasse ; 2° de la conservation du gibier et du rétablissement de la population normale de gibier que comporte le territoire français ; 3° des ressources financières que la chasse peut offrir au Trésor public.

L'importance des questions concernant la chasse et la conservation du gibier étant ainsi établie, essayons de déduire brièvement, de tout ce qui précède, les principes d'une bonne loi sur la chasse, en précisant le but à atteindre.

Pour produire tous les avantages ci-dessus énumérés, la loi semble devoir tendre :

1° A propager le goût de la chasse dans la nation, soit en facilitant l'exercice du droit de chasse à chaque citoyen, par une liberté aussi étendue que le permet le respect de la propriété et par l'abaissement du prix des permis ; soit en favorisant la multiplication du gibier sur tout le territoire, le nombre des chasseurs devant nécessairement suivre la quantité de gibier à chasser, dans ses augmentations et diminutions ;

2° A obtenir chaque année de la chasse la quantité de gibier la plus considérable que possible, sans préjudicier à l'année suivante ; ce, dans l'intérêt de l'alimentation publique, de l'industrie spéciale à la chasse et de l'agriculture, puisqu'il s'agit de rendre à la France sa *population normale d'oiseaux et autre gibier* ;

3° A faire produire par la chasse la plus forte somme possible d'impôts pour le Trésor, en fixant toutefois ces contributions de manière à ne pas détourner les citoyens de se livrer à l'exercice de la chasse, et en les rendant aussi égales et équitables que faire se peut.

Les lois du 3 mai 1844 et du 25 janvier 1874 sont-elles de nature à procurer ces résultats ? Il paraît certain que non : l'expérience qui en a été faite, démontre que la loi de 1844, œuvre du suffrage censitaire, n'est pas en harmonie complète avec notre nouveau régime politique. Par le prix relativement élevé du permis et la confusion du droit de chasse avec le droit de propriété, elle gêne un grand nombre de citoyens, dans l'exercice qu'ils pourraient faire de leur droit de chasse, sans préjudicier à personne ; elle donne ainsi à la chasse une teinte fâcheuse de privilége, qu'il importe de faire cesser ; d'autre part, elle n'a pas empêché la destruction excessive du gibier, le mal augmente chaque année ; certaines espèces ne tarderont pas à disparaître, un remède énergique et efficace devient indispensable. Cette loi, enfin, en laissant dépeupler le gibier, nuit aux recettes du Trésor sur les permis et poudres de chasse ; de plus, l'impôt qu'elle établit, outre qu'il est exagéré, n'est pas équitablement appliqué. La loi de 1874 n'a pas changé sensiblement la situation.

Il faut donc rechercher les modifications et additions, grâces auxquelles notre législation sur la chasse pourrait produire les bons effets qu'on est en droit de lui demander, et qui ont été précédemment signalés.

Cet examen sera fait à trois points de vue principaux que voici :

1° *La liberté* dans l'exercice du droit de chasse, comme moyen de répandre le goût de la chasse et de permettre à chaque citoyen l'usage de son droit ;

2° *La conservation du gibier,* soit *le rétablissement de la population normale de gibier que comporte le territoire français,* dans le but aussi d'augmenter le nombre des chasseurs, et d'obtenir de la chasse et du gibier tous les avantages que peuvent en retirer l'alimentation publique, l'industrie et l'agriculture ;

3° Les ressources financières que la chasse peut offrir au Trésor public.

Article premier.

De la liberté dans l'exercice du droit de chasse. — Caractère
excessivement prohibitif de la loi de 1844, dans la règlementation du droit de chasse, quant à ses rapports avec le droit
de propriété. — Impossibilité de chasser sans délit, dans la
majeure partie de la France. — Tolérance substituée par
l'usage, à une règlementation inapplicable. — Il paraît utile
de consacrer législativement cet usage. — Modification
législative proposée. — Autre modification proposée quant
au prix du permis de chasse. — Abaissement de ce prix.

La liberté de chasser, la vulgarisation de la
chasse ne paraissent pas avoir dirigé les législateurs de 1844 ; la loi qu'ils ont édictée a plutôt les
apparences d'un statut prohibitif, ainsi que le prouvent les termes de son article premier : *Nul ne
pourra chasser, nul n'aura la faculté de chasser,
sauf*, etc. On ne vient pas contester la nécessité
de nombreuses prohibitions en matière de chasse,
car la liberté absolue serait la suppression de la
chasse, à bref délai, par l'entière destruction du
gibier ; mais on se demandera si la loi de 1844 n'a
pas dépassé la mesure, par certaines dispositions
destinées à règlementer la chasse dans ses rapports
avec le droit de propriété.

Des articles 1er, 9 et 26 de la loi de 1844, il résulte que nul ne peut chasser sur un terrain sans

le consentement du propriétaire ou de ses ayants
droit ; que, même dans le cas où le sol est dépouillé
de ses récoltes, le fait de chasser sur le terrain
non clos d'autrui, est un délit passible de 16 à 100
francs d'amende ; que ce délit peut être poursuivi
seulement sur la plainte du propriétaire lésé.

La conséquence évidente de ces dispositions est
que dans les pays de moyenne et de petite propriété, c'est-à-dire dans la majeure partie du territoire français, nul ne peut chasser sans s'exposer
à des poursuites innombrables, s'il convient aux
propriétaires de les exercer ; nul ne peut chasser
un jour, sans commettre plusieurs centaines de
délits, tout en respectant scrupuleusement les récoltes d'autrui ; en effet, on ne peut chasser qu'en
parcourant de grands espaces, et en poursuivant et
recherchant le gibier au loin. La chasse, sur un
terrain de quelques ares ou même de quelques
hectares, n'est pas possible.

Aussi la loi de 1844, au lieu de règlementer la
chasse, l'aurait-elle supprimée presque partout en
France, si les petits propriétaires avaient voulu
se prévaloir de l'œuvre de leurs législateurs ; la
chasse n'aurait plus été possible que pour les
grands propriétaires et les millionnaires.

Heureusement la loi n'a pas été appliquée, et les
propriétaires, à peu près partout (sauf dans les
pays de grande propriété), laissent chasser librement sur leurs terrains après la récolte. Le chasseur use ainsi d'une tolérance, d'un consentement

présumé qui lui fait rarement défaut ; mais il reste exposé à la malveillance. Des haines privées ou même politiques peuvent le traduire en police correctionnelle au moment où il s'y attend le moins. L'exercice de la chasse est pour lui une suite perpétuelle de délits ; chaque parcelle de terrain devient un véritable piége où il peut être pris, quoique nanti d'un permis de chasse payé assez cher. Cette situation est évidemment regrettable à tous points de vue : d'un côté, il ne faut pas que la loi serve d'instrument à la malveillance ; d'autre part, il est mauvais que les citoyens s'habituent à contrevenir aux lois de leur pays, même quand elles sont mauvaises.

Une modification législative est donc nécessaire, et pour concilier les intérêts du chasseur et ceux du propriétaire, ainsi que leurs droits, il n'est pas besoin de recourir à des dissertations subtiles sur la chasse, la propriété et le gibier, il suffit de convertir en loi l'usage établi par le bon sens public, malgré le législateur de 1844, et fondé sur les rapports du bon voisinage, sur la tolérance nécessaire entre citoyens du même pays, sur la notion naturelle que le gibier appartient à celui qui le prend, et non à celui sur le fonds duquel il repose ou circule momentanément.

On obtiendra ce résultat en ajoutant, à l'article 1er de la loi de 1844, un dernier alinéa dans ce sens :

« Le consentement du propriétaire ou de ses « ayants droits sera toujours présumé, lorsque les

« fonds non clos ne seront pas couverts de récoltes
« susceptibles d'être endommagées par le fait du
« passage d'un homme et des chiens. Cette pré-
« somption cessera : 1° lorsque le propriétaire aura
« défendu au chasseur, au moment de l'exercice
« du fait de chasse, d'entrer sur son fonds, soit d'y
« rester, et où le chasseur sera entré ou bien aura
« continué sa chasse, malgré cette prohibition ;
« 2° lorsque le propriétaire aura manifesté son
« intention d'interdire la chasse par des *écriteaux*
« *apparents,* placés en nombre suffisant, aux limites
« de sa propriété. »

L'alinéa 2me de l'article 26 devra être modifié en
ce sens :

« Néanmoins, dans le cas de chasse sur le ter-
« rain d'autrui, *malgré l'opposition légalement*
« *manifestée du propriétaire,* etc. »

La présomption de consentement est conforme à
l'usage ; elle se justifie pleinement par le fait que
la chasse, sur un terrain sans récoltes, ne cause
pas de préjudice au possesseur qui ne chasse pas
lui-même, ou dont la propriété est trop petite pour
permettre de chasser utilement sans en sortir.

Les deux exceptions à cette présomption sont
nécessaires pour sauvegarder la propriété ; dès que
le maître du fonds manifeste sa volonté d'en interdire l'accès, le passage et le fait de chasse sur son
terrain deviennent délictueux. Seulement, il faut
que son intention se manifeste *sur le lieu même*
et sans incertitude. Une défense par voie d'affiches,

au chef-lieu de la commune, ou par publication dans les journaux, ne peut être admise comme suffisante, car il est impossible d'exiger que le chasseur connaisse quel est le propriétaire de chacune des innombrables parcelles d'une contrée ; on ne peut pas demander qu'il ne chasse qu'en compagnie de géomètres porteurs des plans cadastraux.

Ou l'on veut reconnaître le droit de chasse, ou l'on veut en interdire l'exercice ; si l'on veut permettre la chasse et surtout la favoriser, il ne faut pas la rendre impossible, sauf sous la forme de délits continuels ; il faut que le chasseur puisse savoir, *sur le terrain,* s'il contrevient à la loi ou s'il peut chasser légalement et tranquillement.

Il est bon que le législateur dise franchement ce qu'il veut et ne cherche pas à confisquer un droit, en ayant l'air de le reconnaître et de le régler.

. C'est en procurant au chasseur la liberté et la sûreté nécessaires, que l'on peut, sans nuire en rien à la propriété, vulgariser le salutaire exercice de la chasse, et procurer à toutes les classes de la nation, dans la mesure du raisonnable et du possible, la part de plaisir et d'avantage qu'elles ont droit d'en espérer.

La chasse, on ne saurait trop le répéter, n'est plus réservée à une classe sociale ; elle est presque un besoin pour les nombreuses personnes qu'une profession sédentaire retient six jours par semaine dans les villes ; elle leur permet de passer le dimanche agréablement, et, en outre, utilement pour leur

santé. A la campagne, le nombre des petits propriétaires, fermiers et autres, ayant le goût de la chasse,
est considérable ; ce plaisir est pour eux bien pré-
férable au cabaret. Une loi qui entrave la chasse
par des prohibitions excessives et impraticables, est
donc mauvaise ; il importe à un grand nombre de
citoyens qu'elle soit réformée dans un sens plus
libéral et plus juste.

Nul intérêt sérieux ne s'oppose à ce que les bois,
les jachères, tous les terrains incultes, les prés et
marais une fois fauchés, les champs récoltés, soient
laissés ouverts aux chasseurs (qui n'y causent nul
dommage), si le propriétaire ne fait pas connaître
son intention de prohiber la chasse.

Les frais minimes de quelques écriteaux sont hors
de proportion avec les avantages que présente au
public la liberté de la chasse, et le droit absolu du
propriétaire se trouve ainsi protégé autant qu'il est
nécessaire. Les réserves de chasse sur les grandes
propriétés peuvent en conséquence subsister et continuer de produire leur effet utile au point de vue
de la conservation du gibier ; elles seront mieux
respectées, une fois délimitées sur les lieux mêmes ;
personne ne pourra prétexter d'ignorance, ni se
plaindre de la répression qui deviendra parfaitement juste et loyale. Le droit de chasse se conci-
liera ainsi parfaitement avec le droit de propriété ;
on ne pourra plus lui reprocher d'être un privilége
des riches, et il deviendra ce qu'il doit être dans
notre société, qui a pour bases politiques le suffrage

universel et l'égalité des citoyens. Tout le monde ne chassera pas, cela est évident ; mais chacun, outre le droit de chasse *in abstracto*, aura une certaine possibilité d'en faire usage, s'il le juge à propos.

Afin d'enlever tout prétexte au braconnage, et de rendre la liberté de la chasse effective et réelle, il sera nécessaire d'abaisser le prix du permis de chasse à quinze francs, par exemple, dont dix pour l'État et cinq pour les communes. Le taux actuel, qui est de vingt-cinq francs en principal et de vingt-huit francs, y compris les décimes, est trop élevé ; plutôt que de payer ce prix, beaucoup d'habitants des villes s'abstiennent de chasser et préfèrent passer leurs loisirs dans les débits de boissons, où ils dépensent en détail des sommes bien plus fortes, pendant la durée de la chasse. Dans les campagnes, des citoyens bien plus nombreux encore, aiment mieux profiter des facilités laissées au braconnage et courir les chances bien faibles d'un procès-verbal incertain, qui ne leur coûtera guère plus que le prix du permis ; ils chassent, néanmoins, les uns au fusil, les autres avec engins prohibés ; ils contractent ainsi l'habitude de violer la loi qui devient lettre morte, soit pendant les périodes d'ouverture de la chasse, soit même pendant le reste de l'année. L'exagération du prix des permis produit le braconnage, tout comme des tarifs trop élevés sur les importations font naître la contrebande.

L'abaissement du prix des permis de chasse serait donc une mesure très-désirable ; faisant de la liberté de la chasse une réalité pour tous les citoyens, elle assurerait le respect de la loi, elle éviterait bien des crimes contre les agents de l'autorité, elle moraliserait la population des campagnes, sans perte pour le Trésor, car la quantité des permis compenserait, et au-delà, ce que la diminution du prix ferait perdre. Quand le coût du permis serait inférieur au minimum de l'amende à encourir, personne n'hésiterait à se conformer aux lois et à payer un impôt juste, plutôt que de risquer un procès correctionnel et de chasser sous l'impression de craintes incessantes.

Telles sont les modifications pratiques et peu subversives que réclame la liberté de la chasse ; personne ne peut s'en effrayer, pas même le gibier, pourvu qu'elles ne soient pas adoptées isolément, et que le législateur édicte en même temps les lois indispensables à la conservation du gibier, sans lesquelles la liberté de la chasse ne serait qu'un vain mot, puisqu'elle ne tarderait pas à devenir dérisoire faute d'objet.

Il est inutile de faire observer qu'on ne demande pas l'abus de la chasse ; la liberté ne signifie pas que tout Français doit prendre un fusil de chasse ; il suffit que celui qui désire chasser puisse le faire ; de même la liberté de la presse n'a pas pour conséquence la publication d'un journal par chaque citoyen.

Article II.

La loi de 1844 a-t-elle assuré la conservation du gibier? Non.
— Destruction rapide et abusive. — Études des causes
principales de cette destruction : 1° Accroissement de la
population humaine. — 2° Division de la propriété et mise
en culture du sol. — 3° Perfectionnement des armes de chasse. — 4° Facilité des transports rapides par les chemins de
fer et bateaux à vapeur. — 5° Le braconnage. — 6° Mauvaise règlementation de la chasse, abus résultant du pouvoir laissé aux Préfets en cette matière. — 7° Inobservation forcée des dispositions répressives de la loi de 1844.
— Quelques moyens proposés pour remédier à ces causes
de destruction excessive. — Restriction légale de la période
annuelle d'ouverture de la chasse. — Suppression de la chasse
au printemps et lorsqu'il y a de la neige. — Prohibition de
tout procédé de chasse autre que le fusil et les chiens. — Diminution notable du pouvoir règlementaire des Préfets. —
Interdiction de tout transport de gibier vivant, pour la consommation. — Impôt sur les transports de gibier tué, par
chemins de fer et bateaux à vapeur. — Modes indirects de
répression du braconnage contre lequel la répression directe est impuissante. — Responsabilité des détenteurs de
gibier braconné. — Modes de distinguer le gibier braconné.
— Prohibition d'en faire le commerce. — Protection spéciale des petits oiseaux. — Traités internationaux. — Éducation nationale à ces points de vue spéciaux, par l'Instruction primaire et la Presse périodique.

A première vue, la chasse et la conservation du
gibier semblent être choses absolument inconci-
liables, puisque le chasseur passe son temps à tuer
le gibier pour s'en emparer. Cette première impression, trop superficielle, n'est pas conforme à la

vérité ; le chasseur est nécessairement conservateur du gibier, tout comme l'administration forestière, quoique elle ordonne les coupes de bois, est éminemment conservatrice des forêts. Sans gibier, il n'y a pas de chasse ; cet axiome n'a pas besoin de démonstration. Aussi une bonne loi sur la chasse doit-elle tendre surtout à conserver au pays sa population normale de gibier, c'est-à-dire à obtenir, chaque année, autant de gibier qu'il est possible au territoire d'en fournir, sans préjudice pour l'année suivante.

La loi de 1844 a-t-elle réalisé cet idéal ? Les faits répondent, malheureusement : non et mille fois non. Le gibier indigène et de passage diminue chaque année d'une manière sensible ; certaines espèces sont même détruites, ou peu s'en faut, dans les départements très-nombreux, où la division de la propriété rend les réserves de chasse impossibles : c'est là une triste réalité qui ne saurait être contestée ; l'avis unanime des vieux chasseurs en fait foi ; l'expérience des jeunes gens eux-mêmes, est de nature à ne leur permettre aucun doute. Il ne faut conserver aucune illusion sur ce point, malgré certaines apparences fallacieuses, car les exceptions confirment encore ici la règle. On sait bien que les forêts de l'Etat, soumises à un régime de garde exceptionnel, que les grandes propriétés réservées dans quelques départements, sont encore giboyeuses, qu'il s'y fait des chasses magnifiques, et que les localités avoisinantes pro-

fitent du gibier qui s'y conserve et s'en échappe ;
c'est de là que provient en grande partie le gibier
des marchés de Paris ; mais ce serait tomber dans
une erreur irréparable, que de juger la situation
de la chasse en France, par ces exemples rares
et trompeurs. Tout observateur impartial doit reconnaître que, dans la grande majorité des départements français, la petite propriété domine, le
gibier diminue et tend à disparaître ; or, la loi doit
être faite pour le pays entier, dont les intérêts
généraux lui sont confiés et non pour quelques cas
exceptionnels. Les grands propriétaires s'empresseront de confesser que la satisfaction coûteuse,
résultant pour eux de leurs chasses gardées, ne
peut suffire à l'immense majorité des chasseurs de
France, qui ne la partagent nullement et sont dis-
posés, tant est grande la pénurie de gibier, à considérer comme fantastiques les récits de chasse par
trop fructueuses, rapportés quelquefois dans les
journaux.

La réalité est que, dans la plupart des départements, le gros gibier : cerf, chevreuil, sanglier,
chamois, a disparu presque totalement ; que le lièvre
devient rare, ainsi que le prouve l'importation
énorme du lièvre d'Allemagne, malgré son infério-
rité gastronomique ; que la perdrix rouge et grise
se dépeuple rapidement. Bien des communes ne
la connaissent plus ; celles qui la possèdent encore,
en dehors des pays de grande propriété, sont ré-
duites à deux ou trois compagnies par an, au lieu

de dix ou vingt qu'elles pourraient nourrir. La caille, quoique spécialement protégée par la loi de 1844, devient si rare en France, qu'on ne peut guère se la procurer que par l'importation venant d'Italie, à des prix exorbitants ; les râles, la grive, la bécassine, massacrés avec acharnement ainsi que le gibier d'eau, pendant toutes leurs pérégrinations d'automne, d'hiver et de printemps, sont réduits à des quantités insignifiantes. Le coq de bruyère et la gélinotte, gibiers excellents et superbes, que les Alpes, les Pyrénées, le Jura, les Vosges pourraient fournir en abondance, ont disparu devant le collet ; l'Angleterre, la Russie et l'Allemagne en approvisionnent nos marchés : l'administration des douanes peut fournir sur ce point des renseignements positifs.

La diminution effrayante des races de gibier et de petits oiseaux qui ne se conservent pas dans les réserves de chasse, est incontestable au vu des statistiques de la consommation du gibier à Paris pris comme exemple. Pour 1875, à côté de 658,661 perdrix, de 582,132 lapins de garenne, de 367,547 lièvres, provenant principalement des chasses réservées ou de l'étranger, on voit seulement 130,799 cailles (importées vivantes de l'Italie, pour une forte part), 24,230 bécasses, 11,584 bécassines, 4,356 sarcelles, 35,854 grives et becfigues, 2,469 pigeons ramiers, 2,371 râles de genêts ; au regard de 9,958 chevreuils et de 353 cerfs conservés dans les forêts réservées, figure le chiffre lamentable de

32 chamois et isards seulement, produit des Alpes et des Pyrénées livrées au braconnage.

Le gibier de passage étant bien supérieur, pour le gourmet, au gibier sédentaire, il n'est pas possible de contester que si Paris se contente de quantités aussi faibles de gibier de passage, s'il n'en consomme pas au-delà du dixième environ de sa dépense annuelle, malgré les facilités de transport, c'est parce que cet excellent gibier manque de plus en plus en France et dans l'Europe entière.

La destruction abusive, excessive, inintelligente du gibier dans la majeure portion du territoire est donc un fait hors de doute.

Quelles en sont les causes? C'est ce qu'il faut absolument étudier, avant de chercher le remède qu'il est urgent d'apporter à cette situation déplorable. Disons tout d'abord qu'il ne serait pas juste de faire supporter, par les lois de 1844 et de 1874, toute la responsabilité de ce mal ; il provient de causes multiples, dont les unes peuvent être supprimées ou diminuées par une loi sur la chasse, tandis que d'autres échappent au législateur, doivent être maintenues et ne peuvent cesser de produire leurs effets, que par une sage économie dans l'usage ultérieur que fera la nation de ses richesses cynégétiques, et par un accord indispensable avec les nations voisines.

Parcourons successivement ces causes diverses :

1° Une première cause de la diminution du gibier est l'accroissement de la population humaine sous l'influence des bienfaits de la civilisation ; les animaux sauvages disparaissent à mesure que la population humaine, avec son accompagnement d'animaux domestiques, devient plus dense et trouble leur tranquillité ;

2° La division prodigieuse de la propriété, dès 1789, pour le plus grand profit de la population agricole, la mise en culture progressive de bien des terres incultes, a aussi pour conséquence la diminution du gibier refoulé peu à peu, par l'homme, dans des retraites plus étroites, et privé de ses refuges naturels par le dessèchement des marais, par le défrichement des forêts et des landes, dans l'intérêt de la société humaine ;

3° Il faut considérer également comme une cause inéluctable de la diminution du gibier, les perfectionnements continuels apportés aux armes de chasse, dès le commencement du siècle ; l'inoffensif fusil à pierre, que tant de causes empêchaient d'être meurtrier, est remplacé aujourd'hui par des armes parfaites, donnant la mort avec une certitude presque absolue, entre les mains d'un bon tireur ; des inventions nouvelles augmentent la portée des fusils de chasse, et si elles font honneur à leurs auteurs, notamment à la maison Galand, elles présagent de biens mauvais jours pour les espèces de gibier, même les plus sauvages, que leur défiance préservait encore d'une destruction complète.

Contre ces trois causes de destruction, dues aux progrès de la civilisation, au développement du génie de l'homme, le seul moyen possible de réagir, est une stricte économie dans la disposition annuelle de notre gibier ;

4° La facilité des transports par les applications diverses de la vapeur sur terre et sur eau, jointe à l'augmentation de la richesse publique, contribue pour une large part, à faire disparaître le gibier ; le peu qui en reste afflue maintenant vers les grands centres de population ; on massacre le gibier, en quantités aussi considérables que possible, dans les contrées les plus reculées, avec la certitude d'en faire de l'argent. Le braconnage national et international profite et abuse, dans une large mesure, des débouchés assurés qui lui sont offerts, et pendant toute l'année il continue son œuvre de mort, travaillant tantôt pour l'importation, tantôt pour l'exportation, avec un bénéfice toujours certain, mais sans prévoyance aucune du jour où les espèces disparaîtront au préjudice de nos sociétés civilisées, qui, dans leur vie à outrance, ne songent pas au lendemain ni aux droits des générations futures.

Cette cause de destruction peut être atténuée, soit par des impôts et prohibitions gênant les destructeurs et diminuant leurs bénéfices, soit par des traités internationaux entre les États d'Europe, dont quelques-uns sont déjà entrés dans cette voie ;

5° Le braconnage, agent direct de la destruction, est un abus qui a principalement attiré, jusqu'à présent, l'attention du législateur, mais sans grand succès, il faut le reconnaître ; il importe de le réprimer, non-seulement au point de vue spécial de la chasse, mais à un point de vue social et moral. Le braconnier est au chasseur, ce que le voleur est au propriétaire. Vivant d'une violation constante de la loi sur la chasse, il ne respecte plus les autres lois destinées à protéger la société ; c'est un insoumis, un déclassé qui néglige ses intérêts, sa famille, pour satisfaire une passion désordonnée, et vient souvent terminer sa carrière en cour d'assises, après une fréquentation plus ou moins assidue de la police correctionnelle.

Le législateur doit chercher par tous les moyens possibles à détruire le braconnage, en gênant son commerce aujourd'hui trop facile et en lui appliquant les peines prévues par la loi, sans les exagérer, mais avec une sévérité qui sera d'autant mieux justifiée que la liberté de la chasse pour tous les citoyens, sera mieux établie. Si l'on ne parvient pas à empêcher le braconnier de chasser toute l'année, d'user de collets, filets et autres engins prohibés ; c'en est fait du gibier de France ;

6° Au même rang que le braconnage, comme intensité dans la destruction, nous devons placer la mauvaise règlementation de la chasse en France et en Europe, ainsi que les funestes effets de l'arbitraire préfectoral consacré par les lois de 1844 et de 1874.

Ne tenant aucun compte des causes inévitables de destruction du gibier, signalées ci-dessus, les

législateurs de France et d'Italie entre autres, continuent à laisser pratiquer la chasse (sans parler du
braconnage) tout comme on aurait pu le faire il y
a deux ou trois siècles, alors que la population
humaine était de moitié moindre, que de vastes
étendues de terrain étaient incultes, que les armes
de chasse étaient à l'état rudimentaire ; ces législations s'immobilisent dans une fausse sécurité,
comme si rien ne changeait autour d'elles. Il est
urgent de sortir de cette torpeur et de mettre les
législations en harmonie avec les conditions nouvelles dans lesquelles vivent aujourd'hui les peuples
de l'Europe, sous l'empire de la civilisation et du
progrès.

Messieurs les Préfets de France, ceci soit dit sans
aucune pensée blessante et en admettant de nombreuses exceptions (1), peuvent se vanter d'avoir
collaboré puissamment à l'œuvre de destruction
entreprise par les braconniers ; n'étant animés
d'aucune mauvaise intention, tout au contraire, ils
ont fait plus de mal au gibier que les collets, les
filets, la chasse à la neige et toutes les calamités
du même genre qui pèsent sur le gibier français.
M. Toussenel ne leur a pas laissé ignorer les tristes
effets de leur administration ; il leur a vivement
expliqué les conséquences des dates différentes
d'ouverture de la chasse dans les divers départe-

(1) L'auteur s'empresse d'affirmer que l'honorable Préfet de
son département, par la prohibition de toute chasse dès le
mois de janvier, a fait tout son possible afin de favoriser le
repeuplement du gibier dans la Haute-Savoie.

ments, l'action destructive de l'accumulation des
chasseurs sur divers points du territoire successivement ; la création de trois zônes d'ouverture a
diminué ce danger. Mais l'arbitraire préfectoral
continue son œuvre désastreuse, en prolongeant
outre mesure la période de chasse, surtout en permettant certaines chasses au printemps, ce qui
équivaut à les autoriser toutes ; il se donne libre
essor, au préjudice des oiseaux de passage, ne
prenant pas garde que les migrations sont régulières
et que le massacre abusif de ces espèces nuit autant
à la France qu'aux pays voisins, puisque les oiseaux
de passage sont destinés, par leur instinct et les
lois naturelles, à revenir périodiquement sur notre
territoire avec leurs nichées. Partant de cette idée
égoïste et fausse, que le gibier de passage peut
être détruit immodérément sans inconvénients et,
au contraire, avec avantage, parce que cette destruction préjudicie aux départements et aux peuples
voisins, on croirait que les Préfets de France ont
juré l'extermination absolue des oiseaux voyageurs,
et qu'ils ont reçu expressément cette mission du
Gouvernement. Contre ce gibier, tout est permis :
chasse au printemps, à la veille ou au moment
des nichées ; collets, filets, rien n'est de trop ; on
raconte qu'un Préfet aurait même déclaré l'alouette,
l'utile, gracieuse et innocente alouette, animal dangereux et nuisible, dont la destruction est permise
en tous temps et par tous procédés ; mais on aime
à croire que c'est là une invention de quelque

journal charivarique ou d'un ennemi secret, cher-
chant à déconsidérer l'Administration. Il faudrait
lire un arrêté aussi contraire aux intérêts de la
chasse et de l'agriculture, avant d'y ajouter foi ;
des personnes bien informées prétendent aussi que,
sur certaines rivières, la chasse aux oiseaux d'eau
est permise toute l'année ; quant aux petits oiseaux,
nonobstant quelques arrêtés protecteurs peu exécu-
tés, on continue à les exterminer d'une façon
odieuse pour un profit insignifiant et sans souci de
leurs immenses services.

Chaque département a ainsi sa petite législation
destructive ; la résultante de ces forces combinées,
en action dès longtemps, est la disparition générale
du gibier de passage et du gibier sédentaire également, car les chasseurs ne sont pas très-scrupuleux
lorsqu'ils ont le fusil à la main, et qu'ils voient
partir un lièvre ou une perdrix, en chassant la
bécasse ou le gibier de marais ; d'ailleurs, il est
notoire que les collets placés sous prétexte de
grives, d'alouettes ou de bécasses, ne font aucune
difficulté d'étrangler une caille, un perdreau ou une
gélinotte. Ils n'entrent pas dans les distinctions
subtiles des arrêtés préfectoraux ; la destruction
du gibier est donc complète, et la diversité des
règlementations départementales aboutit à un résultat uniforme et général : la disparition des meilleurs
gibiers de France.

Un législateur prévoyant et soucieux de sa mission ne peut permettre la prolongation d'un pareil

état de choses ; c'est une œuvre urgente que la promulgation d'une loi créant, pour tout le pays, une protection uniforme du gibier, rétablissant ainsi non-seulement une branche importante de la richesse nationale, mais encore une sage égalité entre les diverses parties du territoire, ne permettant plus que les chasseurs de divers départements, qui, tous paient leur permis vingt-huit francs, puissent en user, les uns toute l'année sur les cours d'eau, les autres du 15 août au 15 avril, tandis qu'il en est pour qui la période de chasse se trouve réduite à quatre mois. On se croirait en plein Moyen-Age quand on examine la règlementation de la chasse en France, sauf la suppression du privilége féodal. Il importe de faire prévaloir au plus tôt les excellents principes de l'uniformité de législation sur tout le territoire français et de l'égalité des droits, corrélative de l'égalité des charges, et d'en faire l'application à la conservation du gibier et à la réparation des erreurs commises ;

7° Enfin, l'inobservation de la loi de 1844, dans ses dispositions répressives du braconnage, a eu sa part d'influence dans la situation désastreuse du gibier de France. Pas un chasseur n'ignore que la plupart des délits de braconnage restent impunis ; que toute l'année un gourmet peut, avec de l'argent, se procurer du gibier braconné ; que divers hôtels et restaurants de luxe se font les complices des braconniers. On aurait tort de reprocher ces violations de la loi sur la chasse aux

agents chargés d'en assurer l'exécution ; la gendarmerie fait bravement son devoir, quand ses
autres occupations le lui permettent ; les gardes
essaient de faire le leur dans les limites du possible. L'inobservation de la loi provient des vices
de la loi elle-même, de cette idée démontrée impraticable, par l'expérience, qu'on peut arrêter le
braconnage, par la répression fondée presque
exclusivement sur la constatation immédiate du
délit, dans les lieux et au moment où il se commet ;
elle provient aussi de la tolérance fâcheuse dont
beaucoup de personnes font preuve à l'égard du
braconnage, en lui facilitant, pour satisfaire une
gourmandise peu louable, la vente de ses produits
délictueux.

Un mode efficace de répression du braconnage
doit donc être recherché, en même temps que les
moyens de rappeler à tout le monde qu'il constitue
un délit.

Telles sont les causes principales de la diminution rapide du gibier ; elles permettent d'en prévoir
la destruction, presque totale, sur la majeure partie
du sol français et même de l'Europe, dans un
prochain avenir. Le danger est pressant ; aussi a-t-on
dû le signaler énergiquement, sans rien adoucir,
sans atténuer quelques vérités un peu dures, mais
dont nul homme intelligent ne se plaindra, car
elles tendent à un but utile et patriotique.

Après ces critiques nécessaires, il convient, afin
de compléter la tâche entreprise, d'indiquer par

quels moyens il est possible de remédier au mal signalé, d'arrêter l'œuvre de destruction, de réparer les ravages déjà causés et de maintenir ensuite le gibier en quantité normale.

La critique est facile, dit-on ; l'art, au contraire, est difficile : aussi l'auteur de ce travail ne prétend-il pas atteindre la perfection, il veut seulement énoncer le résultat des réflexions que lui suggère l'étude des causes de destruction du gibier, attirer ainsi l'attention des hommes compétents et des pouvoirs publics sur ces délicates questions, et contribuer, dans la mesure de ses forces, à empêcher un mal irréparable ; pourvu que le résultat soit obtenu, il sera trop heureux, quel que soit le moyen ; il n'attache à ses idées aucun amour-propre d'auteur. Cela dit, rentrons en matière.

Le mal est profond, invétéré ; il ne peut être guéri que par des remèdes énergiques, appliqués d'une main ferme et sûre : ce traitement pourra causer quelques plaintes, mais peu importe ; toute réforme utile exige le froissement de quelques convenances particulières, et ce n'est pas sans peine que les peuples, comme les individus, parviennent à se débarrasser d'habitudes mauvaises.

Une stricte économie dans l'usage du gibier qui nous reste, est indispensable, avons-nous dit, pour réagir contre ces grandes causes de disparition du gibier, qui sont l'accroissement de la population humaine, la division de la propriété, l'extension des cultures et le perfectionnement des armes à feu.

Cette économie paraît devoir se pratiquer au moyen des dispositions suivantes :

1° Restriction de l'exercice du droit de chasse à tir, à une période annuelle plus brève que la moyenne des périodes actuelles d'ouverture ;

2° Suppression de toute chasse quelconque au printemps et en temps de neige, sauf les battues nécessaires contre les animaux nuisibles et spécialement autorisées ;

3° Prohibition absolue de toute chasse autrement qu'au fusil, si ce n'est pour les quadrupèdes dangereux ou nuisibles, parmi lesquels le lapin ; toute destruction de nids d'oiseaux et de couvées serait considérée comme fait de chasse, contraire à cette prohibition (la chasse à courre étant complètement réservée).

L'admission de ces trois points entraînerait l'abrogation des articles 3, 9, alinéas 3 et suivants, 11, alinéas 3 et 4 de la loi de 1844 (les deux premiers modifiés par la loi de 1874) ; le pouvoir règlementaire des Préfets serait ainsi supprimé en grande partie.

Reprenons successivement chacune des dispositions formulées ci-dessus :

1° Les périodes annuelles d'ouverture de la chasse sont déterminées actuellement par les arrêtés des Préfets, rendus sous la surveillance du Ministre de l'Intérieur : elles varient de quatre mois à huit mois par an ; certains gibiers d'eau peuvent même être chassés toute l'année par les adjudicataires de la pêche. Ce système n'est pas bon, l'expérience le prouve ; il permet un usage excessif de la chasse, eu égard aux conditions nouvelles dans lesquelles se trouve le gibier en France ; le massacre dure trop longtemps chaque année, pour qu'il survive un nombre suffisant de reproducteurs.

Il faut donc limiter l'exercice de la chasse à quelques mois chaque année. Une fermière qui veut avoir cent poussins, doit savoir conserver un nombre suffisant de couveuses.

Peut-on laisser aux Préfets le soin de restreindre la durée de la chasse ? Il ne paraît pas que cette solution soit pratique, car dans chaque département on a des habitudes de chasse contre lesquelles un Préfet hésiterait à réagir avec la vigueur nécessaire, dans la crainte de faire des mécontents. Le fonctionnaire, quelle que soit sa fermeté, craint certaines influences ; il est naturel qu'il hésite à compromettre sa situation. La loi seule a la force nécessaire pour opérer cette réforme indispensable. Il est à désirer qu'elle fixe uniformément l'ouverture de la chasse à tir, dans toute la France, au premier dimanche de septembre et la clôture au dernier dimanche de décembre. Pendant cette période, tous les gibiers de passage opèrent leurs migration d'automne dans toute la France, du nord au midi ; aucune région ne sera lésée.

C'est en automne que le gibier s'offre, avec toutes ses qualités, à l'alimentation publique ; en hiver

et au printemps, il devient maigre et coriace. La
période véritable de chasse est donc indiquée par
la nature elle-même.

Les départements du Midi prétendront peut-être
que la caille disparaît de leurs plaines dès le mois
d'août ; mais elle repasse en septembre et ils auront
toujours leur part de ce gibier, qui devient de plus
en plus rare.

Il conviendrait de laisser aux Préfets le pouvoir
d'ouvrir ultérieurement la chasse *à courre,* en hiver,
dans les départements où elle peut être utile ; mais
la chasse *à tir* doit nécessairement être réduite à
une brève période. Mieux valent trois mois de
chasse giboyeuse, pour la majorité des chasseurs, que six ou huit mois de chasse pauvre et
stérile.

Les personnes qui chassent par désœuvrement
préfèreront le maintien du régime actuel ; on leur
répondra que la classe des désœuvrés n'est pas
à ce point intéressante, que ses convenances particulières doivent faire fléchir un intérêt général.
Il ne faut pas que l'on puisse continuer à dire que
la chasse est admise et règlementée pour celles des
personnes riches qui ne croient pas devoir tra-
vailler ; elle doit devenir le plaisir et l'exercice de
tous, et fournir à tous du gibier à bon marché,
autant que possible.

Enfin, la fixation *légale* d'une période d'ouverture uniforme pour toute la France, détruira toute
inégalité des chasseurs devant l'impôt uniforme sur

les permis de chasse ; elle mettra fin à une injustice longtemps maintenue ;

2° La suppression de la chasse *au printemps* est ordonnée par la nature même des choses ; elle rentre évidemment dans la réforme précédente ; néanmoins on croit devoir, à toutes bonnes fins, en parler spécialement, parce qu'elle présente des inconvénients énormes, hors de toute proportion avec les avantages qu'elle peut procurer. Elle détruit les rares reproducteurs qui ont échappé à la chasse d'automne, et ce, au moment où les nichées se préparent, où le gibier, rendu moins défiant par l'influence des instincts amoureux, se laisse massacrer plus facilement ; ouvrir la chasse au printemps, est un acte aussi peu intelligent que tuer une poule sur les œufs qu'elle couve, ou couper du blé en herbe. Une bonne administration doit repousser ce procédé barbare, quelque long qu'en ait été l'usage.

La routine seule a pu faire maintenir, jusqu'à nos jours, la chasse au printemps, aussi désastreuse pour le gibier indigène que pour le gibier de passage, et l'on ne fait nul doute que les États voisins de la France s'empresseraient, sur sa proposition, de mettre fin à cet abus en ce qui les concerne. Il s'agit ici d'empêcher la disparition définitive de nos meilleurs gibiers de passage, notamment de la bécasse.

Relativement à la chasse en temps de neige, il paraît inutile de laisser un pouvoir réglementaire

aux Préfets : elle est trop destructive, surtout pour
le lièvre ; il semble que pour les gros gibiers autres
que le lièvre, la loi pourrait cependant faire exception à sa défense et laisser subsister le pouvoir
préfectoral.

On doit remarquer, au surplus, que plusieurs
Conseils généraux, entr'autres celui de la Haute-
Savoie, ont reconnu déjà la nécessité évidente de
supprimer la chasse au printemps, et que la plupart
des arrêtés préfectoraux interdisent la chasse en
temps de neige ; la loi n'aurait donc qu'à consacrer
et à généraliser ces deux utiles réformes ;

3° Si la nécessité de protéger le gibier de passage est reconnue, tout procédé de chasse trop
destructeur, doit être prohibé en ce qui le concerne,
comme pour le gibier indigène. Les Préfets ne
doivent plus pouvoir permettre l'usage des collets,
des filets de nature diverse ; tout au plus le miroir
à alouettes peut-il être toléré : on a expliqué déjà
que le gibier indigène se prend aussi bien que le
gibier de passage, dans les engins prohibés ; que
le dépeuplement du gibier de passage suit une pro-
gression effrayante, et qu'il est absurde de le traiter
comme étranger et ennemi, puisqu'il nous revient
régulièrement ; qu'il y a solidarité entre les nations
voisines quant à ce genre de gibier ; qu'il est donc
absolument inintelligent de lui faire une guerre
sans merci.

Au surplus, la chasse à tir est la seule qui pro-
cure à l'homme cet exercice utile et agréable à la

fois, dont il a besoin dans nos sociétés très-
civilisées ; elle est la seule qu'il soit bon d'encou-
rager au point de vue militaire ; elle est la seule
qui augmente les recettes du Trésor, proportionnellement au gibier tué.

Le pouvoir règlementaire des Préfets serait ainsi
supprimé :

1° Quant à l'ouverture et à la clôture de la chasse
à tir, légalement fixées (art. 3 de la loi de 1844,
modifié en 1874) ;

2° Quant à l'époque de la chasse des oiseaux de
passage, aux modes et procédés de cette chasse ;

3° Quant à l'époque de la chasse du gibier d'eau
dans les marais, sur les étangs, fleuves et rivières ;

4° Quant à la destruction des oiseaux et à leur
repeuplement, ces questions étant réglées uniformément par la prohibition légale et générale ;

5° Quant à la chasse en temps de neige, légalement prohibée, sauf réserve des battues à ordonner
par les Préfets, au moyen d'arrêtés spéciaux, et
sauf réserve aussi de la chasse à courre, pour les
quadrupèdes sauvages autres que le lièvre (art. 9
de la loi de 1844, modifié en 1874).

En ce qui concerne les animaux malfaisants ou
nuisibles, la désignation des espèces que l'on peut
détruire en tous temps, sur ses terres, ne semble
pas pouvoir être laissée absolument aux Préfets,
ni même aux Conseils généraux ; il y a là une
question scientifique à côté de la question admi-
nistrative. Les progrès de l'histoire naturelle dé-

montrent que bien des animaux, considérés jusqu'à
présent comme nuisibles par le public, ont cependant une incontestable utilité ; avant de décréter
la destruction d'une espèce et de troubler ainsi
l'œuvre de la nature, l'homme doit longtemps ré-
fléchir et étudier complètement la question. Aussi
serait-il bon que le législateur, après avoir consulté
les hommes les plus compétents en matière d'histoire naturelle, fixât lui-même une nomenclature
des animaux réellement nuisibles, c'est-à-dire
faisant plus de mal que de bien, et restreignît
ensuite le pouvoir des Préfets aux espèces compri-
ses dans cette nomenclature ; de cette façon, l'on
ne serait pas exposé à voir le chevreuil et l'alouette
assimilés par un fonctionnaire importuné ou trompé,
au loup et à l'épervier. Le pouvoir règlementaire
des Préfets, ainsi restreint, devrait être maintenu,
parce que les animaux nuisibles ne sont pas également répartis sur le territoire et que, dans tel département, vu leur petit nombre, ils n'offrent pas
d'inconvénients sérieux, tandis que, dans tel autre,
ils causent de véritables dommages.

L'intérêt public, dans ces conditions, ne risque-
rait plus d'être lésé par des arrêtés rendus mal à
propos, sous prétexte de protéger l'agriculture, et
ne servant, en réalité, qu'à satisfaire les caprices
des personnes qui désirent chasser ou manger du
gibier toute l'année.

Les trois réformes proposées se justifient donc
d'elles-mêmes par les considérations qui précèdent ;

elles se justifieront encore mieux par les résultats, si l'on a le courage de les mettre en pratique. On verra le gibier se repeupler rapidement, sans frais, par les seules forces de la nature, dès que la destruction excessive et abusive aura cessé, et au bout de peu d'années, la France, on l'espère, ne sera plus tributaire de ses voisins, pour sa consommation de gibier. Messieurs les Préfets ne se plaindront pas d'une légère atteinte portée à leurs attributions, si elle doit profiter au bien général.

La France a fait des efforts et des sacrifices pécuniaires assez considérables pour repeupler de poisson, ses rivières et ses lacs ; il paraît indispensable de faire une bonne loi pour la conservation du gibier : on acclimate à grands frais quelques espèces étrangères ; la conservation des espèces que nous possédons semble au moins aussi utile, et peut se réaliser à moins grands frais.

Parmi les causes étrangères à la loi sur la chasse et qui favorisent, cependant, la destruction trop rapide du gibier, on a signalé les chemins de fer et les bateaux à vapeur, qui permettent un transport rapide, depuis les contrées les plus éloignées, vers les grands centres de population. Dieu nous garde d'élever la moindre plainte contre ces magnifiques applications du génie humain ; toute bonne chose a ses petits inconvénients qu'il faut s'étudier à diminuer et à supprimer au besoin.

Les facilités nouvelles de transport ont, depuis

1844, donné au commerce du gibier une activité hors de toute proportion avec la rapidité de la production ; chasseurs et braconniers de France et d'ailleurs, excités par l'appât du gain, ont redoublé d'ardeur, quand la sagesse et l'esprit de prévoyance leur commandaient la modération. Le législateur doit chercher à calmer cette ardeur, et il en a les moyens.

1° Tout transport de gibier vivant doit être absolument prohibé, sauf quand il est destiné à la reproduction, et que cette destination résulte de pièces justificatives régulières émanant des autorités du lieu de provenance, et non contredites par les circonstances.

En effet, le gibier vivant ne peut être que le produit du braconnage, et la loi doit refuser impitoyablement toutes facilités au braconnier, soit de France, soit d'ailleurs. Il ne faut pas favoriser la destruction énorme de cailles qui se fait en Italie, dans les îles et sur les côtes de la Méditerranée, si l'on veut que ce gibier revienne dans nos campagnes en quantités suffisantes.

Le transport d'autres gibiers pour la reproduction, devra être entouré, par un règlement approprié, de toutes les garanties nécessaires afin d'empêcher l'abus ;

2° Le transport du gibier tué peut, sans inconvénients, être frappé d'un droit au profit du Trésor ; ce droit, perçu sans grands frais par les Compagnies de chemins de fer et de navigation à vapeur, peut être fixé proportionnellement aux distances, cependant avec un minimum, par exemple : deux francs par kilogramme et deux centimes en sus, par myriamètre, pour le gibier à plumes ; cinquante centimes par kilogramme et un centime en sus, par myriamètre, pour le gibier à poil. Outre l'avantage du Trésor, cet impôt aurait pour conséquence de diminuer les bénéfices du braconnier, en diminuant le prix du gibier aux lieux de provenance ; cette coupable industrie se ralentirait, si la prime qui lui est offerte par le commerce était moindre.

Le consommateur de gibier souffrirait peu de cet impôt sur les transports par grande vitesse ; cela est évident, quant aux petites villes ; en ce qui concerne les grands centres, une augmentation du prix de vente se produirait peut-être, mais il est probable que la majeure partie de l'impôt serait supportée par le vendeur primitif, car les acheteurs de gibier, sur les lieux de production, tiendraient certainement compte des frais d'expédition. D'ailleurs, c'est un luxe de manger, à Paris ou à Lyon, du gibier venant de la Gironde ou de la Bretagne, et tout luxe doit se payer.

Pour suivre l'ordre indiqué dans l'énumération des causes de destruction, arrivons maintenant à la partie la plus épineuse du sujet, à la répression du braconnage.

Les articles 11, § 4 et 12 de la loi de 1844, sont relatifs à cette question ; ils ont, pour le mode de répression, distingué entre les périodes où la chasse est ouverte et celles où elle est fermée ; en temps de chasse ouverte, ils n'admettent qu'un mode de constatation des délits : c'est la constatation immédiate et directe sur le lieu et au moment où le fait de braconnage s'opère ; une disposition punit cependant le détenteur ou le porteur d'engins prohibés. Quand la chasse est fermée, la loi punit de plus ceux qui ont mis en vente, vendu, acheté, transporté ou colporté du gibier.

Quoique cette partie de notre législation paraisse assez rigoureuse, on doit admettre que, dans bien des contrées, elle n'a pas produit les bons effets qu'on en attendait ; peut-être est-elle susceptible de perfectionnements.

1° En temps de chasse ouverte, il faut reconnaître que la loi de 1844 laisse beaucoup à désirer quant au braconnage ; autant elle est dangereuse pour le chasseur honnête, nanti de son permis, qui met le pied sur le terrain d'autrui, autant elle est commode pour le braconnier qui se fait redouter et ne craint pas les plaintes des petits propriétaires de son voisinage. Le législateur de 1844 semble avoir dit au braconnier : « Mon cher ami, je t'engage à ne « pas te laisser surprendre au moment où tu t'em- « pares du gibier tué au fusil ou autrement, et à « ne pas laisser voir tes engins hors de tes poches ; « mais, si tu parviens à échapper aux gardes- « chasse et aux gendarmes, je me ferai un plaisir « d'acheter ton gibier, tu seras bien récompensé

« de ton adresse. » A quoi le braconnier, très
satisfait, s'est empressé de répondre : « Mon cher
« Monsieur, c'est entendu ; je ne me laisserai pas
« prendre. »

Et en effet, dès 1844, le braconnier approvisionne
nos marchés, impunément, la plupart des temps ;
il cache bien ses lacets, il chasse de nuit, à la
neige ; on voit apparaître son gibier aux halles dès
l'aurore du jour de l'ouverture, et ensuite, pendant
toute la saison, il vient se promener sur nos places
publiques, présentant sans crainte son gibier braconné, aux consommateurs et aux agents de l'autorité eux-mêmes. S'il est surpris en délit par un
garde, il le menace de mort, le tue au besoin et
continue ses déprédations, l'absence de témoins
paralysant fréquemment l'action de la justice ; la
gendarmerie seule exerce une répression efficace
dans les localités où elle n'est pas trop occupée.

Ces tristes résultats ne doivent pas être imputés
au défaut de zèle des agents de la police de la
chasse ; la répression directe que la loi leur demande est au-dessus de leurs forces. Il est impossible d'exiger qu'un malheureux garde, pour
quelques centaines de francs par an, s'expose
chaque jour à être tué par un braconnier sans
scrupules ; la rencontre de ces individus, au milieu
des bois, loin de tout secours, par un garde isolé,
offre un danger réel ; les gardes consciencieux sont
finalement victimes de leur sentiment du devoir.
L'auteur de ces lignes connaît un excellent garde

forestier qui a essayé longtemps de faire cesser le braconnage dans sa commune ; les menaces de mort et même les coups ne l'arrêtaient pas ; les braconniers l'ont alors menacé d'incendier sa maison et sont allés éventrer, de nuit, sa vache dans son écurie ; il n'a plus osé les poursuivre et l'on ne saurait l'en blâmer. Chaque année les journaux nous apprennent l'assassinat de quelques gardes au coin d'un bois.

De ces faits, nous devons conclure que si le braconnage continue à sévir, ce n'est pas la faute des gardes ; que la répression directe du braconnage est impraticable, si elle n'est puissamment aidée par d'autres moyens. La morale publique, intéressée au respect de la loi, l'intérêt général de l'agriculture, des chasseurs et des consommateurs, demandent aux pouvoirs publics de compléter la loi à ce sujet.

Puisque la répression directe est impossible, recourons aux moyens indirects ; gênons le braconnier dans son dangereux commerce, et, fatigué de cette lutte de tous les jours, il cèdera, parce que la répression indirecte s'exercera dans des lieux où la société est de force à faire respecter ses agents.

Le braconnage a de grandes affinités avec la contrebande : tous deux s'exercent sur des espaces immenses, par la ruse et par la violence au besoin, loin des centres de population où la société est en force ; ils agissent la nuit, souvent avec la complicité de nombreuses personnes ; ils démoralisent l'homme et le rendent capable des crimes les plus graves. La répression du braconnage est plus difficile encore que celle de la contrebande, parce qu'il a tout le territoire pour théâtre, tandis que la contrebande est restreinte à une faible zône sur les frontières. La loi n'a eu raison de la contrebande qu'en édictant la responsabilité des détenteurs, en 1818 ; elle ne triomphera du braconnage que par le même moyen : c'est un remède héroïque, mais dont il ne faut pas s'effrayer, car il amènera une prompte soumission ; quand le gibier braconné ne pourra plus être vendu impunément, il n'y aura guère de braconniers.

Cherchons donc les procédés par lesquels le bra-connier peut être gêné dans la liberté de son com-merce illicite ; tâchons d'empêcher la vente du gibier tué en fraude et de réprimer le braconnage, non plus dans les bois, mais sur les routes et sur les marchés.

Il est indispensable, à cet effet, de distinguer le gibier braconné du gibier tué légalement, comme on distingue les tissus et tabacs étrangers, des tissus et tabacs français. Posé dans ces termes, le pro-blème semble de prime abord insoluble ; cependant, il ne l'est pas. Le gibier braconné autrement qu'au fusil porte les traces de son genre illégal de mort ; quant au gibier tué par le plomb du fusil, on peut savoir s'il provient d'un braconnier ou d'un chas-seur, en donnant au gibier du chasseur une marque particulière, dont l'absence indiquera le gibier braconné.

Le gibier pris au collet, au filet, à la trappe ou autre engin prohibé, porte une marque certaine : il est mort étranglé ou étouffé ; dans les deux cas, il conserve les traces intérieures de la mort par asphyxie. Le gibier pris au collet porte de plus, autour du cou, une ecchymose indélébile et caractéristique ; tout homme de l'art, médecin ou vétérinaire, pourra, dans les cas douteux, affirmer le genre de mort et distinguera parfaitement les blessures faites au fusil sur le gibier vivant, des lésions qui pourraient être causées par fraude sur un gibier mort ; les cas où pareille expertise deviendrait nécessaire ne seront, au surplus, pas bien fréquents, si l'on exige pour tout gibier mis en vente, un certificat de provenance légale, ainsi qu'il va être expliqué ci-après, et ainsi que l'Administration le fait déjà pour certains gibiers dont la chasse est exceptionnellement permise après la clôture générale.

Actuellement, toute personne peut vendre et colporter librement du gibier, sans avoir à craindre des investigations sur l'origine de cette marchandise, pourvu que la chasse soit ouverte. Cette liberté, gracieusement octroyée par la loi de 1844, fait la force et assure la prospérité du braconnage ; il disparaîtra en grande partie dès qu'il en sera privé, dès qu'il ne pourra plus offrir impunément aux agents de l'autorité eux-mêmes, le produit de ses délits, la vente du gibier étant son but final.

Pour chasser, il est nécessaire d'avoir un permis que l'on est tenu de représenter à toute réquisition ; quoi de plus naturel que d'exiger de celui qui veut vendre son gibier et consommer son opération de chasse, la justification qu'il a eu le droit de tuer le gibier mis en vente, et qu'il a ainsi le droit de le vendre ?

Cette exigence n'a rien d'excessif ni d'impraticable ; aux questions des agents de l'autorité, le chasseur répondra par la présentation de son permis, s'il colporte et met en vente lui-même son gibier ; s'il le confie ou le livre, ensuite de vente, à d'autres personnes, il joindra un certificat de provenance au gibier lui-même ; de récentes instructions ministérielles sont entrées déjà dans cette voie.

La loi peut donc, elle doit même, si elle veut être respectée, empêcher la vente de tout gibier illégalement tué et admettre en principe : « Que « tout détenteur d'un gibier quelconque (y compris « les petits oiseaux) tué illégalement, est respon- « sable, par conséquent passible des peines portées « contre les faits de chasse sans permis ou avec « engins prohibés, à moins qu'il ne prouve que « ce gibier lui a été remis par une autre personne, « laquelle sera alors soumise à la même respon- « sabilité, sous la même condition. »

On atteindra ainsi le braconnier, et, par la prison, l'amende ou la contrainte par corps, on modérera

sa dangereuse activité, sans que les agents de
la force publique soient exposés à des dangers
exceptionnels.

Ce principe de la responsabilité des détenteurs
ne peut pas être édicté seul : afin d'éviter que des
innocents soient punis, diverses dispositions règle-
mentaires sont nécessaires, notamment les suivantes, ou toutes autres, plus parfaites :

« Toute personne qui détient une pièce de gibier
« est tenue de justifier, à toute réquisition des
« agents de l'autorité, que ce gibier a été tué léga-
« lement par un chasseur nanti de son permis de
« chasse ; elle doit permettre toutes investigations
« nécessaires pour vérifier si le gibier a été pris
« et tué autrement qu'au fusil ou par la dent des
« chiens.

« En conséquence, le chasseur qui a tué le
« gibier est tenu, lorsqu'il s'en dessaisit et le remet
« à une autre personne, de remettre en même
« temps à celle-ci, un certificat sur papier libre,
« signé de lui, énonçant ses nom, prénoms,
« profession, domicile, la date et le numéro de
« son permis de chasse, le nombre et la nature des
« pièces de gibier livrées, la date à laquelle elles
« ont été tuées ; la sincérité de ces déclarations
« devra être affirmée devant le maire de la com-
« mune ou de son secrétaire ; le certificat sera visé,
« sans frais, par ces fonctionnaires et revêtu du
« sceau de la mairie ; il devra suivre le gibier jus-
« qu'au domicile de la personne qui le consommera.

« Si le chasseur ne sait signer, il fera sa mar-
« que au bas du certificat, devant le maire ou le
« secrétaire. Toute fausse déclaration sera punie
« des peines portées par l'article 154 du Code pénal.

« Le négociant qui achètera pour les revendre
« plusieurs pièces de gibier accompagnées d'un
« seul certificat, sera tenu de le conserver et de
« joindre à chaque partie revendue, un certificat
« de sa main, relatant les énonciations du certi-
« ficat collectif, moins celles qui seront relatives
« au nombre de pièces de gibier ; ce nouveau certi-
« ficat indiquera la nature et le nombre des pièces
« qu'il devra accompagner ; toute fausse déclara-
« tion sera aussi punie des peines portées en l'ar-
« ticle 154 du Code pénal.

« Le porteur ou détenteur d'une pièce quel-
« conque de gibier, qui ne justifiera pas de la
« provenance légale, par l'un des certificats sus-
« énoncés, sera puni des peines portées par l'arti-
« cle 12 de la loi du 3 mai 1844, à moins qu'il
« ne prouve par qui le gibier lui a été remis, et
« même en ce cas, il sera puni des peines portées
« par l'article 11 de la même loi.

« Toute contravention aux articles précédents
« pourra être recherchée et constatée par les agents
« de la police de la chasse et, en outre, par les
« préposés des douanes, ceux des contributions
« indirectes, les agents des octrois et de la police
« municipale, en tous lieux, sauf le domicile privé
« des citoyens qui ne font pas commerce du gibier.

« Tous les agents sus-désignés auront le droit
« de visite, notamment chez les aubergistes, hôte-
« liers, restaurateurs, marchands de comestibles,
« revendeurs quelconques, comme en matière de
« contributions indirectes , pour rechercher les
« contraventions.

« En cas de soupçon et sur le mode de mort du
« gibier, ils pourront requérir l'expertise qui sera
« faite par un homme de l'art, assermenté devant
« juge de paix ; s'il est démontré que le gibier
« n'a pas été tué au fusil ou pris par les chiens,
« les peines portées par l'article 12 de la loi de
« 1844 seront appliquées au détenteur, à moins
« qu'il ne prouve par les modes indiqués ci-dessus,
« de qui provient le gibier braconné.

« Les peines portées par les articles 11 et 12
« de la loi de 1844 seront doublées si le contreve-
« nant est un aubergiste, un hôtelier, un restau-
« rateur, un marchand de comestibles ou autre
« personne faisant commerce du gibier. Si le gibier
« est reconnu de provenance étrangère, le premier
« détenteur qui l'aura reçu en France restera péna-
« lement responsable.

« Tous les agents prémentionnés, en cas de
« constatation d'une contravention aux dipositions
« qui précèdent, auront droit aux gratifications
« mentionnées en l'article 10 de la loi de 1844. »

On peut être assuré qu'une loi conforme, sauf
les perfectionnements de détail, aux propositions
qui précèdent, assurera mieux la répression du

braconnage, que toüs les moyens employés et proposés jusqu'à ce jour ; les braconniers la redouteront plus que l'embrigadement des gardes, mesure irréalisable dans l'état actuel de nos finances. Ces dispositions sont le complément nécessaire de notre législation sur la chasse, si le législateur ne veut pas que de nombreux et audacieux braconniers continuent à se moquer de lui, grâce au maintien de la liberté abusive dont ils jouissent.

On ne se dissimule pas ce qu'une pareille loi aurait de sévère ; mais quand on veut la fin, il faut vouloir les moyens ou plier piteusement la tête devant le mal. Constatons d'ailleurs que toute notre législation fiscale repose sur des principes au moins aussi rigoureux, dès longtemps appliqués, et auxquels les populations se sont bien vite habituées. La réglementation nécessaire pour détruire le braconnage passerait rapidement dans les mœurs et les contraventions deviendraient rares : quelques exemples dans chaque ressort de tribunal, mettraient fin au mal.

Notons aussi cette considération importante, que la réglementation proposée n'occasionnerait aucun frais, ni à ceux qui s'y soumettraient, ni au trésor.

On n'objectera pas le surcroît de besogne pour les petites mairies ; elles sont assez peu occupées, et en préparant des modèles de certificats pour les chasseurs, la perte de temps serait insignifiante. Les mairies des grandes villes n'auraient presque pas à s'occuper de cette question, le gibier y arrivant du dehors.

En ce qui concerne les chasseurs, la plupart ne vendent pas leur gibier et n'auraient ainsi qu'à continuer, comme par le passé, à porter leur permis dans leur poche. S'ils voulaient expédier une bourriche de gibier à un parent ou à un ami, il ne leur coûterait pas beaucoup de la présenter à la mairie, ou de l'y faire présenter avant de la remettre à la gare. Le chasseur qui se plaindrait de cette petite gêne, destinée à lui procurer de si grands avantages, serait d'ailleurs bien inintelligent et mal avisé.

Les agents de répression ne se plaindraient pas non plus ; les gratifications proposées ajouteraient un utile supplément, aux traitements minimes de la plupart d'entre eux.

Il n'est pas à craindre que le nombre des personnes à interroger pour parvenir au braconnier soit excessif ; la durée de conservation du gibier mort étant assez limitée, les transmissions en sont peu nombreuses. Des mains de celui qui l'a tué, il parvient au consommateur, le plus souvent, par un ou deux intermédiaires. Il est rare qu'il appartienne successivement à plus de trois détenteurs.

Quant aux consommateurs, bien avertis des pénalités à encourir, ils refuseraient tout gibier non accompagné d'un certificat régulier, plutôt que de s'exposer à être poursuivis ; s'ils agissaient autrement, ils deviendraient complices par recel du braconnage et ne pourraient se plaindre d'être punis.

La loi ne gênerait donc sérieusement que les braconniers, les colporteurs de leur gibier et leurs dangereux complices, soit les quelques maîtres d'hôtels et marchands de comestibles qui leur achètent le gibier braconné en tous temps et sans scrupules ; ces catégories d'individus qui, dès long-temps, se font un avantageux plaisir de narguer la loi, ne méritent pas grand intérêt.

Si l'on demande une sévérité plus grande contre les maîtres d'hôtels, restaurateurs et autres compli-ces soit recéleurs du gibier braconné, c'est parce qu'ils constituent le principal stimulant du braconnage et lui procurent la tolérance des populations ; ils font un mal énorme : le braconnier est leur ami, leur protégé, ils l'encouragent continuellement et audacieusement ; on pourrait en citer qui ont fait dépeupler leurs cantons, qui, au printemps et en été, ne craignent pas de servir à leurs pratiques des grives prises au nid, des poules faisannes, des perdrix tuées sur leurs œufs ; la crainte de fortes amendes peut seule les intimider.

Aux agents actuels de la police de la chasse, on demande certaines adjonctions utiles : celle des employés de la police municipale, notamment, parce que, mieux que tous autres, ils peuvent surveiller les marchés et les hôtels ; celle des préposés des douanes, afin que le sentiment du devoir les pré-serve des tentations auxquelles ils sont continuel-lement soumis, de chasser eux-mêmes, puisqu'ils passent leur vie au milieu des champs et des bois ; certaines personnes prétendent que la présence de la douane dans un pays, coïncide presque toujours avec une diminution du gibier ; il importe de mettre cette administration à l'abri d'un soupçon de ce genre. En ce qui concerne les employés des contributions indirectes, ils exerceraient leurs nouvelles fonctions relatives à la chasse, en même temps que leurs fonctions habituelles, principalement chez les débitants et marchands des villes, sans préjudice aucun pour leur service principal.

Enfin on croit nécessaire d'assurer à tous les agents quelconques qui constateront un délit ou une contravention relatifs au braconnage, la gratification prévue par l'article 10 de la loi du 3 mai 1844. Les hommes doivent être pris tels qu'ils sont ; un petit bénéfice ne nuit jamais, comme stimulant, dans l'accomplissement de fonctions parfois désagréables ; le chiffre minime de gratifications admises en matière de chasse ne permet pas de craindre qu'elles occasionnent des excès de zèle.

Ainsi se trouve résolu, dans la mesure du possible, le problème de la distinction du gibier tué légalement et du gibier braconné : d'une part, au moyen des progrès de la science, de l'autre, par une règlementation indispensable, afin d'assurer la sanction efficace des lois contre le braconnage. Cette distinction, nécessaire lorsque la chasse est ouverte, perd son importance lorsqu'elle est close ; alors tout gibier saisi est délictueux. Il suffit de bien assurer l'application de la loi de 1844, en augmentant et encourageant le personnel des agents chargés de la police de la chasse, comme il a été expliqué plus haut. On peut, par une application prudente et ferme des nouvelles dispositions indiquées, espérer d'avoir enfin raison d'un abus fort grave et contre lequel les modes directs de répression sont restés pendant de longues années impuissants. La destruction excessive du gibier sera ainsi réfrénée.

Dans l'expression générale de gibier, on comprend, peut-être contrairement à l'idée reçue jusqu'à présent, tous les animaux sauvages autres que les bêtes nuisibles, et notamment les *petits oiseaux;* l'intérêt de l'agriculture exige impérieusement, quant à ceux-ci, une protection spéciale. L'utilité des oiseaux pour la destruction des insectes nuisibles et même de certaines mauvaises herbes, dont ils mangent les graines, ne fait plus doute pour personne ; les progrès de l'histoire naturelle ont produit sur ce point une telle lumière, que toute nouvelle démonstration devient inutile ; il est certain que le petit oiseau vendu cinq ou dix centimes sur le marché, par un cultivateur ignorant, à un consommateur sans prévoyance, représente pour l'agriculture mille fois cette valeur ; ce charmant auxiliaire de l'homme est un instrument parfait contre cet insaisissable ennemi de l'agriculture, appelé l'insecte, à l'égard duquel la science humaine est presque impuissante. Il est donc absurde de tuer, pour le manger, un oiseau valant comme comestible cinq ou dix centimes et représentant, pour l'agriculture, la conservation annuelle de cent ou deux cents francs de grains, de fruits, de bois ou de fourrages que les insectes détruiraient ou détérioreraient s'ils n'étaient mangés par l'oiseau ; autant vaudrait fondre une montre de prix pour en faire de la grenaille ; d'où la conséquence que le législateur, obligé d'être prévoyant et intelligent pour ceux qui ne le sont pas, doit interdire absolument, dans les limites du possible, la vente et l'achat des petits oiseaux, c'est-à-dire des oiseaux au-dessous de la taille de l'alouette.

On ne verra plus ainsi le scandaleux spectacle de femmes de la campagne, vendant, pour quelque menue monnaie, des paquets de pauvres petits oiseaux, massacrés sans pitié par des enfants et même par de grandes personnes, au moyen de toutes sortes de piéges ; il ne sera plus permis à ces barbares destructeurs de causer un énorme dommage à eux-mèmes et à leurs voisins, pour un bénéfice insignifiant.

Pourquoi, dira-t-on, ne pas interdire la chasse elle-même des petits oiseaux, outre la vente ? C'est pour la raison bien simple que cette interdiction serait dénuée de sanction ; la loi ne peut pas attacher un garde aux pas de chaque chasseur ; la vente, au contraire, peut être facilement réprimée sur les marchés et dans les hôtels, et, par-là même, on diminuera la destruction aux moyens d'engins prohibés, fort usités dans les campagnes. Ce n'est pas le fusil qui détruit le plus de petits oiseaux ; les munitions de chasse sont trop chères, et l'on peut être assuré que le jour où le vrai gibier reparaîtra, la plupart des chasseurs laisseront volontiers en paix la mésange, le rouge-gorge, la fauvette et tous les insectivores ; les jeunes chasseurs seuls tireront des petits oiseaux pour se former au tir du vrai gibier.

Il conviendrait que la loi elle-même prohibât soit l'achat et la vente des petits oiseaux morts, soit la destruction des nids, d'une façon absolue et sous les peines portées par l'article 11 de la loi du 3 mai 1844. S'agissant d'une mesure d'utilité générale incontestée, il n'y a pas de motifs pour en laisser le soin aux règlements préfectoraux : le législateur, impersonnel et absolument indépendant, est mieux placé que des fonctionnaires, quelque bien intentionnés qu'on les suppose, pour réprimer un abus général et depuis longtemps enraciné.

L'article 9 de la loi actuelle devrait ainsi être modifié.

Si quelque agriculteur venait à prétendre que les petits oiseaux mangent du grain, on n'aurait pas de peine à lui expliquer en peu de mots que ses bœufs et ses chevaux, eux aussi, mangent ses récoltes, qu'il les conserve, cependant, parce que leurs services valent plus que leur nourriture. Il en est de même quant aux petits oiseaux : pour un

grain de blé qu'ils mangent, ils en ont sauvé cent ;
on ne doit pas regretter le peu de nourriture que
ces petits ouvriers viennent prendre dans les gran-
ges, pendant la saison rigoureuse ; dès que le printemps revient, ils la paient largement en faisant
aux hannetons, aux chenilles et autres insectes
une guerre acharnée. Au surplus, si, quelque part,
on avait à se plaindre des petits oiseaux, le fusil
suffirait à protéger ceux qui se croiraient victimes,
mais il ne serait nécessaire ni de permettre la vente
des produits de cette pauvre chasse, ni d'autoriser
l'emploi d'engins prohibés et destructeurs ; mieux
vaut laisser ces utiles auxiliaires de l'homme
s'écarter de celui qui ne veut pas de leurs services,
que d'en permettre la destruction abusive ; ils
iront remplir leur mission chez des propriétaires
plus éclairés ou moins parcimonieux.

Toutes les lois protectrices, soit du gibier de
passage, soit des petits oiseaux, presque tous voyageurs, ne produiront leur entier effet, que si elles
sont généralisées en Europe et dans les possessions
voisines. Les traités internationaux seront le complément indispensable de notre législation intérieure
à ce sujet ; toutes les nations d'Europe sont liées
par une étroite solidarité dans cette question du
gibier et des petits oiseaux ; toutes s'empresseront
de collaborer à l'œuvre d'intérêt commun, si notre
gouvernement veut prendre l'initiative ; il est sûr
de ne pas rencontrer du mauvais vouloir chez les
nations éclairées qui nous entourent et qui, pour

la plupart, se sont déjà émues de la disparition du gibier et des petits oiseaux.

Ni l'Angleterre et les États d'Allemagne, où l'on s'abstient de tuer les femelles de tous les gibiers dont l'aspect extérieur permet facilement la distinction des sexes ; ni l'Italie et l'Autriche, entrées déjà dans la voie des traités pour la protection de certaines espèces ; ni la Suisse, où s'organisent tant d'institutions d'utilité internationale ; ni la Belgique et l'Espagne, étroitement liées au sort de la France en cette matière ; ni les États du Nord, premiers intéressés, parce qu'ils profitent avant nous du gibier de passage, ne refuseront leur concours.

Les traités à conclure pourraient régler utilement la question d'une période de chasse à tir uniforme pour les pays d'Europe ; celle du temps où la chasse serait permise dans les îles et possessions méditerranéennes des nations d'Europe ; celle des modes de chasse et engins à prohiber ; celle des transports de gibier et, enfin, celle de la protection aussi absolue que possible des petits oiseaux.

Ces traités, destinés à conserver une richesse internationale qui ne coûte rien à chaque peuple, offriraient moins de difficultés que d'autres conventions intéressant directement les finances de chaque État, par exemple, en matière de postes, de monnaies, de télégraphes. Ils seraient un nouveau pas dans cette voie fructueuse, de l'union des peuples pour la protection de leurs intérêts communs, et une nouvelle atteinte à cette idée antique et barbare, que tout ce qui est étranger est ennemi *(hostis)* et doit, en conséquence, être privé de toute garantie légale.

Passant du Ministère des affaires étrangères à celui de l'Instruction publique, nous demanderons, pour assurer la protection du gibier et des petits oiseaux, que dans les écoles primaires, les dévoués instituteurs de notre jeunesse des deux sexes, lui enseignent brièvement l'utilité des oiseaux, surtout au point de vue de l'agriculture, les funestes conséquences du braconnage, soit pour l'individu qui s'y adonne, soit pour sa famille, soit pour la société ; l'instruction et l'éducation diminueront ainsi la tâche des agents de répression, et un jour viendra où le gibier sera protégé par la notion de l'intérêt bien entendu.

Enfin, il est une autre puissance qui peut contribuer, dans une large mesure, à l'éducation nationale, au point de vue spécial qui nous occupe : c'est la presse périodique. A elle il appartient, plus qu'à tout autre, de provoquer les réformes qu'elle croit utiles, de propager les idées qui lui semblent justes. Nous espérons qu'elle voudra bien, sans distinctions d'opinions politiques, examiner avec bienveillance les propositions contenues dans ce travail et prêter, à celles qui lui paraîtront bonnes et pratiques, l'appui de son précieux concours.

La réunion de tous les efforts est nécessaire pour réagir contre une pratique longue et vicieuse,

pour faire triompher l'intérêt général, des petites
mais nombreuses oppositions qui ne manqueront
pas de se produire si les Pouvoirs publics veulent
bien porter leur attention sur le sujet dont nous
venons de nous occuper ; nul ne regrettera sa part
d'efforts si le résultat cherché est obtenu, si la
France et l'Europe parviennent à reconstituer la
population normale de leur gibier, telle que le
permet la civilisation ; si l'agriculture voit se refor-
mer les nombreuses légions d'oiseaux dont elle ne
peut se passer dans la lutte contre ses invisibles
et innombrables ennemis ; si les générations à
venir peuvent recevoir, intact et réparé, un héritage
que nous avons reçu en bien mauvais état (1).

(1) Dans sa séance du 10 avril 1877, tenue sous la prési-
dence de M. le Sénateur Chardon, vice-président, en rempla-
cement de M. le Sénateur Chaumontel, président, empêché, le
Conseil général de la Haute-Savoie a émis un vœu tendant
à l'interdiction de la chasse à tir, au printemps, dans toute
la France, et constatant la nécessité de conventions interna-
tionales pour la conservation du gibier de passage.

L'auteur de cette brochure est heureux de pouvoir, en conséquence, présenter deux des principales propositions de son
travail, sous le patronage de la plus haute assemblée délibé-
rante de son département.

Ainsi constatée par une autorité des plus compétentes, ainsi
dénoncée officiellement, la fâcheuse situation, objet de cette
étude, ne peut plus être considérée comme douteuse ; on ose
espérer que les Pouvoirs publics voudront porter remède au
mal, et que le présent opuscule ne recevra pas un accueil dé-
favorable.

Ajoutons que, maintes fois, le Conseil général de la Haute-
Savoie a dû s'occuper de la répression du braconnage, et
qu'il encourage les agents de la police de la chasse par des
primes, objet d'un article annuel du budget départemental.

Article III.

Cette dernière partie de l'étude que nous avons
entreprise nécessitera peu de développements, après
ce que nous avons dû en dire incidemment jusqu'à
présent.

Dans l'état actuel des choses, la chasse enrichit
le Trésor public directement par deux impôts :
le produit des permis de chasse et celui de la
vente des poudres ; indirectement, par les patentes
des industries et commerces alimentés par la
chasse. Passons en revue chacun de ces impôts,
et voyons ceux que l'on peut y ajouter, pour
obtenir de la chasse tout le produit possible, au
profit du Trésor.

1° *Impôt sur les permis de chasse*. Nous avons
exposé déjà que le prix du permis, actuellement
fixé à 28 francs, décimes compris, paraît trop
élevé ; que pour assurer véritablement la liberté
de la chasse, il conviendrait de le réduire à 12 ou
15 francs, dont deux tiers pour l'Etat, un tiers
pour les communes. Le rendement de cet impôt
ne serait guère diminué par cet abaissement de
prix ; il augmenterait au contraire, pourvu que,

par le repeuplement du gibier, on favorisât l'accroissement du nombre des chasseurs et que l'on réprimât vigoureusement le braconnage par tous les moyens prémentionnés : en peu de temps le nombre des permis de chasse serait doublé.

Nous avons parlé du tiers de cet impôt afférent *aux Communes,* parce que la loi actuelle, qui attribue à la commune du domicile des chasseurs exclusivement, une portion du prix des permis, n'est pas équitable : elle lèse les petites communes au profit des grandes. Cette part d'impôt est en effet une espèce d'indemnité au profit des communes sur lesquelles la chasse est pratiquée. Or, les chasseurs des villes et des chefs-lieux de canton circulent plus dans les communes avoisinantes que dans celle de leur domicile; sur le territoire des villes de quelque importance il n'y a presque jamais de gibier, tandis qu'il se délivre toujours de nombreux permis de chasse. La ville seule profite ainsi de l'indemnité due aux campagnes; l'article 5 de la loi du 3 mai 1844 demanderait ainsi à être modifié, en ce sens que la part du prix des permis afférente aux communes de chaque canton, sera répartie par le Conseil général ou par le Conseil d'arrondissement, entre ces diverses communes proportionnellement, autant que possible, à l'affluence des chasseurs sur chacune d'elles;

2° *Produit de la vente des poudres de chasse.* Cet impôt est plus juste que le précédent; cha-

que chasseur le paie en proportion du gibier
qu'il tire. Il rendra certainement une somme
double ou triple si l'on supprime absolument toute
chasse autrement qu'au fusil, pour quelque gibier
que ce soit (sauf la chasse à courre); les bons
principes produisent des conséquences utiles à tous
points de vue. Il est inutile de faire observer que
plus le gibier sera nombreux, plus il se brûlera
de poudre au profit de l'État;

3° *Patentes payées par les industries et les
commerces vivant de la chasse.* — Ce produit
augmentera évidemment dès que l'on parviendra,
par une bonne loi, à développer le goût de la
chasse et à doubler, peut-être, le nombre des personnes s'adonnant à cet exercice (1).

Comme impôts nouveaux, il est facile d'établir :
1° Une taxe sur le transport du gibier : on l'a vue
figurer précédemment comme moyen d'entraver la
destruction excessive du gibier. Cet impôt, que
les Compagnies de chemins de fer et de navigation
à vapeur percevraient pour l'État, n'exigerait pas
la création d'un nouveau personnel, ni une comp-
tabilité compliquée. Pour atteindre son but, il
devrait comprendre un droit fixe, dû par le seul
fait d'expédition par les voies rapides, et un droit

(1) Outre ces trois impôts principaux, mentionnons encore
certaines taxes, par exemple sur les chiens, sur l'épreuve des
armes et les droits de douane sur diverses importations relatives
à la chasse, ainsi que le produit des locations de chasses dans
les forêts domaniales et communales.

proportionnel à la distance. Le taux proposé de 2 francs par kilogramme et de 2 centimes en sus par myriamètre, pour le gibier à plumes, et de 50 centimes par kilogramme, et un centime en sus par myriamètre, pour le gibier à poil, ne paraît pas exagéré, eu égard à la valeur moyenne de chacune de ces espèces de gibier. Un kilogramme de bécasses, de cailles, de grives, de bécassines, vaut de 10 à 15 francs ; les perdrix se vendent de 6 à 10 francs le kilogramme, tandis que le kilogramme du gibier à poil, tel que lièvre, chamois, chevreuil, ne vaut pas plus de 2 à 3 francs. Cette taxe de 20 pour cent environ sur la valeur du gibier transporté par voies rapides, rendrait probablement plus au Trésor que les impôts grevant actuellement la chasse.

2° Le plomb de chasse peut, aussi bien que la poudre, faire l'objet d'un monopole au profit de l'État. Aucun inconvénient sérieux n'empêcherait le Trésor de percevoir 50 centimes à titre d'impôt, tous frais déduits, sur chaque kilogramme de plomb ; cette marchandise serait ainsi vendue de 1 franc à 1 franc 25, ce qui n'a rien d'exorbitant, si l'on considère les impôts de consommation grevant bien des denrées plus indispensables.

Le produit de cette contribution est facile à calculer : pour 1 kilogrammme de poudre, il faut, au chasseur, 10 kilogrammes de plomb ; l'administration n'a qu'à consulter ses registres, pour vérifier les quantités de poudre de chasse vendues en France annuellement, et le nombre de kilogrammes de poudre multiplié par cinq, donnera le produit approximatif de l'impôt ci-dessus proposé.

Chaque chasseur paierait, comme pour la poudre, proportionnellement à l'usage qu'il ferait de son droit de chasse ; l'équité concorde donc, quant à cet impôt, avec l'intérêt du Trésor.

Il serait nécessaire, afin d'assurer le bon rendement d'un monopole sur le plomb, d'interdire formellement la fabrication et l'emploi de la grenaille de fer fondu, pour la chasse. Cette espèce de projectiles offre de graves inconvénients, en ce que, plus légère que le plomb, elle peut être employée en charges plus fortes, ce qui donne au coup de fusil plus d'étendue et moins de pénétration. Le gibier se trouve ainsi blessé seulement, dans bien des cas, et périt misérablement et sans utilité. La fonte de fer, d'autre part, est dangereuse pour le consommateur ; dure comme l'acier trempé, elle ne cède pas comme le plomb, elle casse les dents ; enfin, cette grenaille use rapidement l'intérieur des armes et cause de fréquents accidents par l'explosion des fusils. Ces motifs suffiraient à en faire prononcer l'interdition, lors même que le monopole de l'Etat sur le plomb de chasse ne serait pas établi.

Tous ces impôts créés déjà, et à créer, donneront bien évidemment un produit proportionnel à la prospérité de la chasse et du gibier en France, ils ne sont certainement pas d'une importance considérable. Cependant, l'état actuel de nos finan- ces ne permet pas de négliger une ressource annuelle qui dépassera facilement vingt millions dès que la matière imposable, c'est-à-dire le gibier, sera mieux administrée.

———

Parvenu au terme de ce travail bien imparfait, bien incomplet à coup sûr, nous espérons cependant avoir démontré que les questions concernant la chasse et le gibier ne sont pas sans importance, qu'elles ne sont pas indignes de l'examen des hommes sérieux. En même temps, quoique à des degrés différents, elles touchent à notre système politique et à l'intérêt sacré de la défense du territoire; elles intéressent directement le pays dans ses plaisirs les plus sains et dans son ali- mentation la plus délicate; elles concernent à la fois l'agriculture et le commerce, l'industrie et les finances de la nation. Ce serait donc à tort qu'on les négligerait sous l'empire d'idées préconçues et d'anciennes préventions.

L'auteur de ce modeste travail ose espérer que les pouvoirs publics de son pays ne refuseront pas de porter leur attention sur un sujet intéressant à tant de titres, et qu'ils ne reculeront pas devant les difficultés d'une réforme législative utile à la concorde sociale, à la prospérité et à la morale publiques.

Les questions agitées ici sont heureusement étrangères aux luttes politiques et religieuses qui préoccupent l'opinion; elles tendent uniquement à un but d'utilité générale, digne de rallier tous les suffrages, sans acceptation de parti ni de nationalité. Le cri d'alarme poussé dans l'intérêt du gibier et de la grande majorité des chasseurs, ne restera donc pas sans écho, et l'on aime à croire qu'une bonne loi sur la chasse pourra sortir d'une discussion calme et impartiale, que cette loi sera complétée et corroborée par des traités internationaux.

S'il contribue quelque peu à sauver d'une perte imminente l'une des richesses nationales de la France, l'auteur de ces lignes aura atteint son unique but; il se considèrera comme bien récompensé de son labeur, n'ayant eu pour objectif que l'accomplissement d'un devoir patriotique, lorsqu'il a entrepris de publier le résultat de ses réflexions sur un sujet spécial et quelque peu oublié au milieu de préoccupations plus graves.

Annecy, 28 mars, 2 avril 1877.

TABLE.

CHAPITRE PREMIER

CHAPITRE II

CHAPITRE III

ARTICLE PREMIER.

ARTICLE II.

ARTICLE III.

ON TROUVE ÉGALEMENT A LA LIBRAIRIE

A. L'HOSTE

Place Notre-Dame, à Annecy.

Tous les ouvrages sur la Savoie.

CARTES, PLANS ET RELIEFS DE LA SAVOIE.

COMMISSION EN LIBRAIRIE.

www.ingramcontent.com/pod-product-compliance
Lightning Source LLC
LaVergne TN
LVHW050622090426

835512LV00008B/1625